KORMANNN
ZUR DISKUSSION GESTELLT

Hilmar und
Hilde Kormann

Zur Diskussion gestellt

Sachtexte und Belletristik
mit Fragen und Übungen
zu den Texten

Max Hueber Verlag

Illustrationen:
S. 9, 35, 60, 92, 118, 143, 165 Egmont Schaffer, Bremen
S. 105 Presse-Agentur, Frankfurt.

Das Werk und seine Teile sind urheberrechtlich geschützt. Jede Verwertung in anderen als den gesetzlich zugelassenen Fällen bedarf deshalb der vorherigen schriftlichen Einwilligung des Verlags.

| 5. 4. 3. | Die letzten Ziffern |
| 1993 92 91 90 89 | bezeichnen Zahl und Jahr des Druckes. |

Alle Drucke dieser Auflage können, da unverändert,
nebeneinander benutzt werden.
2. Auflage 1985
© 1981 Max Hueber Verlag, D-8045 Ismaning
Umschlaggestaltung: A. C. Loipersberger
Gesamtherstellung: Ludwig Auer GmbH, Donauwörth
Printed in the Federal Republic of Germany
ISBN 3–19–001324–1

Inhalt

Vorwort 7

Erziehung wozu?

1 Abschiedsbrief eines Vierzehnjährigen 9
2 *Alexander S. Neil*, Ein Blick auf Summerhill 14
3 ... der jugendfrohe Anfang der Tyrannis 19
4 *Horst Bannach*, Warum erziehen wir? 24
5 *Erich Junge*, Der Sieger 27
6 *Hans Magnus Enzensberger*, ins lesebuch für die oberstufe 33

Aus der Arbeitswelt

7 *W. Brunkhorst*, Was soll uns der Beruf bringen? 35
8 *R. Schoop*, Erst einmal arbeiten 40
9 Tageslauf eines praktischen Arztes 44
10 *Thomas Bernhard*, Eine Maschine 48
11 *Heinrich Böll*, Wie in schlechten Romanen 51

Formen des Zusammenlebens

12 *Neidhart Friedhelm*, Der soziologische Begriff von Ehe und Familie . 60
13 *Thomas Sartory*, Kibbuzerziehung 64
14 Wer soll die Treppe putzen? 69
15 *Hans Georg Noack*, Die Liegewiese des Herrn Claudius 75
16 *Otto F. Walter*, Verheißung 80
17 *Heinrich Böll*, Unberechenbare Gäste 85

Leben in einer multinationalen Gesellschaft

18 *Jochen Rudolph*, Das Leben ist internationaler geworden 92
19 Die Welt ist unter uns 97
20 *Thilo Koch*, Brief aus Krähwinkel 101
21 *Herbert Schmidt-Kaspar*, Das Geschenk 107
22 *Knut Kiesewetter*, Fahr mit mir den Fluß hinunter 115

Wohnen im Wandel

23 Das klassische Großstadtmodell 118
24 *Ulrich Schmidt*, Stirbt das Dorf? 122

25	Wie man stadtmüde Bürger wieder an die Stadt fesseln kann	125
26	*Heinz Küpper,* Vom Schlafzimmer zur Liegelandschaft	129
27	*Marie Luise Kaschnitz,* Vorstadt	133
28	*Guntram Vesper,* Am Stadtrand, wo ich wohne	136

Reisen: Erholung oder Abenteuer?

29	Reiseprospekt	143
30	Jemen. Mit dem Landrover ins Mittelalter	148
31	*Ursula Zierbarth,* Reise nach Moskau	153
32	*Joseph von Eichendorff,* Sehnsucht	159
33	*Gottfried Benn,* Reisen	162

Buch und Leser

34	Literaturbetrieb: Buch und Leser	165
35	*Günther Rühle,* Leben und Lesen	168
36	*Ina Prove,* Anlesen gegen das Alter	172
37	*Hermann Hesse,* Lesen und Bücher	177
38	*Bertolt Brecht,* Besuch bei den verbannten Dichtern	180

Vorwort

Das vorliegende Lehrbuch ist geeignet für den Unterricht mit Ausländern, die gute Grundkenntnisse in der deutschen Sprache aufweisen. Zielgruppen sind Teilnehmer in Fortgeschrittenen-Sprachkursen an Universitäten, Goethe-Instituten, Volkshochschulen und ähnlichen Institutionen der Erwachsenenbildung und Schüler an ausländischen Höheren Schulen und deutschen Schulen im Ausland ab etwa 16 Jahren.

Der Kursteilnehmer im Fortgeschrittenenunterricht möchte sich mit aktuellen Problemen der heutigen Zeit auseinandersetzen, inhaltlich wie sprachlich Zugang gewinnen zu wichtigen Themen aus dem Leben der Deutschen heute, und er möchte sich mit ihrer Dichtung vertraut machen. Er will daher entsprechende Texte lesen und verstehen und sich mündlich und schriftlich kompetent zu den dort angeschnittenen Fragen äußern können. Das vorliegende Lese- und Arbeitsbuch dient dieser Zielsetzung, da es zu verschiedenen Themenkreisen sowohl sachbezogene wie belletristische Texte anbietet und diese durch Übungen verschiedener Art gedanklich wie sprachlich erschließt. Die Texte sind teilweise gekürzt und leicht bearbeitet. Innerhalb eines Kapitels erhellen sie sich gegenseitig und verschaffen dem Lernenden einen breiten Überblick über aktuelle und allgemein interessierende Themenbereiche.

Die Sachtexte (Essays, Berichte, Reportagen, Interviews, Briefe usw.) stammen aus Publikationen der jüngsten Zeit, die das jeweilige Thema von mehreren Seiten betrachten. Sie enthalten öfter einseitige Stellungnahmen (die durchaus nicht immer die Ansicht der Herausgeber darstellen), wollen mitunter sogar provozieren, in jedem Falle aber zur Auseinandersetzung motivieren – ihre Thesen werden „zur Diskussion gestellt". Angeschlossen finden sich in der Regel zwei belletristische Texte (Gedichte, moderne Erzählungen), in denen Motive des vorher entwickelten Themas in künstlerisch gestalteter Sprache wiederkehren.

Abkürzungen

r = der, e = die, s = das, etw. = etwas, geb. = geboren, DDR = Deutsche Demokratische Republik, ggf. = gegebenenfalls, jmd. = jemand, jmdm. = jemandem, u. ä. = und Ähnliches, ugs. = umgangssprachlich, usw. = und so weiter, vulg. =vulgär, derbe Umgangssprache, z. B. = zum Beispiel

Bei den Substantiven ist die Pluralendung angegeben; bei den Maskulina steht vor der Pluralendung die des Genitivs Singular, um sichtbar zu machen, ob es sich um die starke oder die schwache Deklination handelt.

Erziehung wozu?

1 Abschiedsbrief eines Vierzehnjährigen

Eben seid Ihr endlich von meiner Tür weggegangen und habt hoffentlich kapiert,[1] daß ich nicht aufmache, und wenn Ihr noch dreimal so laut dagegenhämmert. Ich weiß, Mutti heult jetzt und Vati hat wieder die dicke Ader an der Stirn. Aber stellt Euch vor: Es ist mir egal. Es ist mir *scheißegal*.
Morgen habt Ihr Euch sowieso beruhigt, und dann werdet Ihr diesen Brief finden. Dann bin ich nämlich weg. Ihr braucht deswegen nicht gleich zu denken, daß mir was passiert. Ich weiß schon, wo ich hingehe.
Auf alle Fälle muß ich hier raus. Es kotzt[2] mich einfach an, immer diese endlosen Streitereien, immer diese Fragerei, hast du dies gemacht, hast du das gemacht, wo

kommst du jetzt her, wo gehst du jetzt hin, warum hörst du nicht auf Vati, auf Mutti, auf Oma, auf Tante Irene – immer diese wunderschönen guten Ratschläge! Natürlich, Ihr habt alles viel besser gemacht, als Ihr so alt wart wie ich. Vati muß ja überhaupt der reinste Musterknabe gewesen sein, der hatte ja auch nie Krach mit seinen Eltern.

Wißt Ihr, was das Schlimmste war heute abend? Gar nicht, daß Ihr mir nun zum fünfhundertstenmal eine Szene wegen der Unordnung in meinem Zimmer gemacht habt, und daß Mutti schon wieder mein Mikroskop weggeräumt und dabei alle Präparate[3] durcheinandergeschmissen hat.

Aber daß Ihr nach all dem Geschrei und Getue jetzt auch noch mit der Masche[4] kommt „Wir haben dich doch lieb, wir wollen dir doch nur helfen, sei doch nicht so undankbar!" Scheiße! Das ist doch glatte Heuchelei! Wenn Ihr mich wirklich „liebhabt" und mir „helfen" wollt, dann kapiert doch endlich mal, daß ich nichts weiter will, als in Ruhe gelassen werden! Mischt Euch doch bloß nicht immer und ewig in alles ein! Ihr glaubt natürlich, daß Ihr irrsinnig weise und erfahren seid und mir alles vormachen müßt, damit bloß nichts schiefgeht. Könnt Ihr Euch denn nicht vorstellen, daß ich *einmal* was alleine machen möchte, ohne daß Ihr mir mit Eurem Kommentar die Ohren vollquatscht[5]? Kann ich nicht endlich mal was haben, worüber ich allein bestimmen kann, zum Beispiel mein Mikroskop und die Gläser und den ganzen Kram?

Ich weiß ja, daß es manchmal stinkt, wenn ich Pflanzenaufgüsse im Zimmer stehenlasse. Aber die brauche ich eben. Ich weiß, daß ich Unordnung mache. Aber ist denn Staubputzen so entsetzlich wichtig?

Manchmal glaube ich, Ihr seid bloß sauer, weil ich jetzt was tue, wovon Ihr nichts versteht. Oder Ihr wollt, daß ich immer ein Kind bleibe, an dem Ihr herumnörgeln[6] könnt. Im Frühjahr sollte ich keine Kaulquappen züchten, nur weil Mutti sich davor ekelt, im Sommer war der Zank ums Badezimmer, weil ich mit dem Filmentwickeln doch nur Schweinerei machte, meine Plakate darf ich nicht aufhängen, weil das zu viele Löcher in die Wand gibt, meine Platten darf ich nicht richtig hören, weil das zuviel Krach macht, und wenn ich 'raus will und mit Rolf eine Fahrradtour machen, dann ist das natürlich wieder zu gefährlich. Immer, wenn ich mir was ausdenke, was *meine* Idee ist, findet Ihr irgend eine Tour, es mir gründlich zu vermiesen.[7] Und wenn Ihr wirklich mal mit was einverstanden seid, dann meint Ihr, Ihr müßtet mir auch gleich dazusagen, wie ich's am besten anfange. Versteht Ihr denn nicht, daß Ihr mir damit alle Freude nehmt?

Warum darf ich Euch nicht beweisen, daß ich alleine auch mal was zustande bringe? Später muß ich doch auch alleine zurechtkommen! Ihr redet davon, daß ich im Beruf mal auf eigenen Füßen stehen soll – aber wie soll ich denn Selbständigkeit lernen, wenn Ihr mich überall festbindet?

Es tut mir leid, daß ich nicht so bin, wie Ihr Euch das vorstellt. Aber schließlich habe ich keine Schuld daran, daß Ihr mich in die Welt gesetzt habt. Jetzt, wo ich nun mal da bin, will ich eben auch mal tun, was mir gefällt. Egal, ob Euch das nun paßt oder nicht. Irgendwie ist es doch auch mein Leben, oder? Ich gehe jetzt also weg. Eigentlich müßtet Ihr doch ganz froh sein, wenn Ihr Euch mal eine Weile nicht über mich ärgern müßt, nicht? Kommt bloß nicht auf die Idee, die Polizei anzurufen! Wo ich hingehe, tut mir keiner was. Ich will bloß mal alleine sein und meine Ruhe haben. Ich komm' schon wieder.

Ulli

aus: *Eltern, Nr. 10/1970*

Worterklärungen

[1] kapieren	*(ugs.)* begreifen, verstehen
[2] kotzen	*(vulg.)* Nahrung wieder von sich geben, sich erbrechen
es kotzt mich an	*(vulg.)* es gefällt mir überhaupt nicht
[3] s Präparat, -e	hier: kleines Stück einer Pflanze oder eines Tieres, geeignet für eine mikroskopische Untersuchung
[4] e Masche, -n	*(ugs.)* geschicktes Verhalten, mit dem jmd. bisher Erfolg gehabt hat
[5] quatschen	*(ugs.)* viel Unnützes reden
[6] an jmdm. herumnörgeln	jmdn. kritisieren
[7] vermiesen	dafür sorgen, daß es einem nicht gefällt

Erschließung des Inhalts

1. Wer schreibt diesen Brief?
2. An wen ist er gerichtet?
3. Was ist sein Anlaß?
4. Was ist sein Zweck?
5. Warum müssen sich die Eltern (keine) Sorgen machen, wenn ihr Sohn weg ist?
6. Wie verhalten sich die Eltern zu dem, was Ulli gemacht hat oder machen will?
7. Was ärgert Ulli am Verhalten seiner Eltern am meisten?
8. Welche Meinung hat er vom Verhalten seiner Eltern, als sie jung waren?
9. Wie sollten Eltern, seiner Meinung nach, sich zu ihren Kindern verhalten?
10. Wie sieht es in Ullis Zimmer aus?
11. Welche Gründe nennt er für das Verhalten seiner Eltern?
    In welchen Abschnitten stehen sie?
12. Welche Einstellung müßten die Eltern gegenüber ihrem Sohn haben, damit er sich nicht gekränkt fühlt?

Zur Diskussion gestellt

1. Sind Ullis Vater und Mutter schlechte Eltern?
2. Halten Sie Ullis Verhalten für richtig?
3. Kommen in Ihrem Land ähnliche Konflikte vor?
4. Wenn Sie ein Freund der Familie wären, was würden Sie Ulli und seinen Eltern raten, damit die Harmonie im Hause wieder hergestellt würde?
5. Kann ein gewisses Maß von Auseinandersetzungen zwischen den Generationen auch günstig für die Entwicklung eines Jugendlichen sein?

Übung zur Festigung des Wortschatzes

Setzen Sie das richtige Wort (eventuell auch mit der richtigen Endung) in die folgenden Sätze ein.

einmischen, eigener Fuß, Heuchelei, hören, kapieren, Krach, Masche, passieren, Ruhe, sauer, Szene, vermiesen, züchten

1. Ulli hofft, seine Eltern haben ...., daß er die Tür nicht öffnen wird.
2. Er geht zu guten Freunden, es wird ihm nichts ....
3. Seine Eltern sind zornig, denn Ulli .... nicht auf seinen Vater.
4. Der Vater war in seiner Jugend ein braves Kind, er hatte anscheinend nie .... mit seinen Eltern.
5. Da Ullis Zimmer nicht aufgeräumt war, machten ihm seine Eltern eine ....
6. Er ärgert sich, daß ihm seine Eltern immer mit der gleichen .... kommen.
7. Ihre Behauptung, sie wollten ihm ja nur helfen, hält er für glatte ....
8. Er will, daß sie ihn in .... lassen und sich nicht in seine Angelegenheiten ....
9. Da Ulli Sachen macht, von denen seine Eltern nichts verstehen, sind sie ....
10. Der Sohn darf keine Kaulquappen ...., da die Mutter sich davor ekeln würde.
11. Wenn Ulli mal eine gute Idee hat, fangen seine Eltern an, sie ihm zu ....
12. Wie soll es ihm da gelingen, später auf .... zu stehen?

Fragen zu den Ausdrucksmitteln

1. Worauf bezieht sich das Pronomen „es" in dem Satz „Es ist mir egal" (Z. 4)? Was ist Ulli egal?
2. Worauf bezieht sich das Adverb „deswegen" (Z. 6)?
3. Worauf bezieht sich das Adverb „hier" (Z. 8)? Wo muß Ulli raus?
4. Worauf bezieht sich das Substantiv „Fragerei" (Z. 9)? Wer fragt ihn?
5. Wofür steht der Pronominalartikel „die" in dem Satz „Aber die brauche ich eben" (Z. 31)?
6. Welchen Sinn hat das Pronomen „es" (Z. 41)? Was wird Ulli vermiest?
7. Welcher Zeitraum ist mit dem Adverb „später" (Z. 46) gemeint?
8. Wie könnte man den Satz nach „oder" (Z. 52) ergänzen?

Übung zur Idiomatik

1. Fügen Sie „sowieso" an der richtigen Stelle des zweiten Satzes ein.

Beispiel: Der Vortrag heute abend fällt aus. Ich wäre nicht hingegangen.
Lösung: Ich wäre sowieso nicht hingegangen.

a) Morgen werdet Ihr diesen Brief finden. Dann habt Ihr Euch beruhigt.
b) Es lohnt sich nicht, Karl zu fragen. Er weiß nie etwas.
c) Mir macht die Terminverschiebung nichts aus. Ich hätte heute keine Zeit gehabt hinzugehen.
d) Ich habe Gerd von unserem Plan erzählt. Früher oder später hätte er es erfahren.

2. Verknüpfen Sie die Redewendung „nichts weiter wollen als" mit folgenden Ausdrücken.

Beispiel: einmal allein lassen
Lösung: Ulli will nichts weiter, als einmal allein gelassen werden.

a) in Ruhe lassen
b) ein paar mikroskopische Untersuchungen durchführen
c) seiner Tante „Guten Tag" sagen
d) vor zu viel Fürsorge verschonen

3. Ergänzen Sie „zustande bringen" in der richtigen Form.

a) Ich .... auch mal alleine was ....
b) Das ist ja eine tolle Leistung! Wer .... das ....?
c) Ob Du in der Lage wärst, auch so etwas ....?
d) Wer .... heutzutage noch so ein kompliziertes Werk ....?

4. Hier geht es um Präpositionalausdrücke mit dem Wort „Idee". Ergänzen Sie die richtige Präposition und – wenn nötig – den Artikel.
a) Wer kam ...., die Polizei anzurufen?
b) .... wirst Du keinen Erfolg haben.
c) .... steckt ein wahrer Kern.
d) Er leidet .... einer fixen ....

2 Ein Blick auf Summerhill

Es liegt auf der Hand, daß eine Schule, die tatendurstige Kinder an Schreibtische zwingt und sie Dinge lernen läßt, die meistens nutzlos sind, eine schlechte Schule ist. Nur jene unschöpferischen Mitbürger, deren Kinder fügsam[1] und unschöpferisch bleiben sollen, damit sie in eine Gesellschaft passen, deren Erfolgsmaßstab
5 Geld heißt, können eine solche Schule für richtig halten.
Als meine Frau und ich 1921 die Schule „Summerhill" in der Nähe von London gründeten, hatten wir einen Grundgedanken: die Schule kindergeeignet zu machen – nicht die Kinder schulgeeignet.
Wir machten uns also daran, eine Schule zu schaffen, in der die Kinder die Freiheit
10 haben sollten, sie selbst zu sein. Um das zu ermöglichen, mußten wir auf alle Disziplinarmaßnahmen, auf Lenkung, suggestive[2] Beeinflussung, auf jede ethische und religiöse Unterweisung verzichten. Nach meiner Ansicht ist das Kind von Natur aus verständig und realistisch. Sich selbst überlassen und unbeeinflußt von Erwachsenen entwickelt es sich entsprechend seinen Möglichkeiten. Logischer-
15 weise ist Summerhill eine Schule, in der Kinder mit der angeborenen Fähigkeit und dem Wunsch, Gelehrte zu werden, Gelehrte werden, während jene, die nur zum Straßenkehren geeignet sind, Straßenkehrer werden. Bisher ist jedoch aus unserer Schule noch kein Straßenkehrer hervorgegangen. Ich sage das ohne Snobismus[3]; denn ich sehe eine Schule lieber einen glücklichen Straßenfeger hervor-
20 bringen als einen neurotischen[4] Gelehrten.
Wie geht es nun in Summerhill zu? Nun, die Teilnahme am Unterricht ist freiwillig. Die Kinder können zum Unterricht gehen, sie dürfen aber auch wegbleiben – sogar jahrelang, wenn sie wollen. Es gibt einen Stundenplan – aber nur für die Lehrer.
25 Gewöhnlich richtet sich der Unterricht nach dem Alter der Kinder, manchmal aber auch nach ihren besonderen Interessen. Wir haben keine neuartigen Lehrmethoden; wir sind der Ansicht, daß der Unterricht an sich keine große Rolle spielt. Ob eine Schule eine besondere Methode hat, Kindern die ungekürzte Division beizubringen, ist völlig unwichtig, weil die ungekürzte Division – außer für die, die

sie lernen wollen – selber ganz unwichtig ist. Ein Kind, das sie lernen will, lernt sie jedenfalls – gleichgültig, nach welcher Methode sie gelehrt wird.

Schüler, die im Kindergartenalter nach Summerhill kommen, nehmen von Anfang an am Unterricht teil. Kinder, die von einer anderen Schule zu uns kommen, schwören sich jedoch oft, nie wieder in ein Klassenzimmer zu gehen. Sie spielen, fahren mit dem Fahrrad, stören andere bei der Arbeit, aber sie hüten sich vor der Schulbank. In einigen Fällen dauerte das Monate. Die Zeit der „Genesung"[5] entspricht der Stärke des Hasses, den ihnen die vorige Schule eingegeben hat. Im Durchschnitt dauert es drei Monate, bis ein Kind wieder bereit ist, am Unterricht teilzunehmen.

Wem unsere Vorstellung von der Freiheit fremd ist, der wird sich wahrscheinlich fragen, was für ein Irrenhaus das ist, in dem die Kinder den ganzen Tag spielen, wenn sie mögen. Werden sie nicht einmal schwer im Nachteil sein, wenn sie mit anderen konkurrieren[6] müssen, die man zum Lernen angehalten hat? Dabei fällt mir Jack ein, der uns mit siebzehn Jahren verließ, um in einer Maschinenfabrik zu arbeiten. Eines Tages ließ ihn der Verwaltungsdirektor zu sich rufen. „Sie sind doch der Bursche aus Summerhill", sagte er. „Ich möchte mal gern wissen, was Sie jetzt, wo Sie mit Jungen aus anderen Schulen zusammen sind, von Ihrer Schulbildung halten. Angenommen, Sie müßten sich noch einmal entscheiden, würden Sie nach Eton[7] oder nach Summerhill gehen?" „Nach Summerhill natürlich!" sagte Jack.
„Was ist denn in Summerhill besser als in anderen Schulen?"
Jack kratze sich am Kopf. „Weiß nicht", sagte er langsam. „Ich glaube, man kriegt da das Gefühl eines völligen Selbstvertrauens." „Ja", sagte der Direktor trocken. „Das habe ich gemerkt, als Sie hier hereinkamen."
„Ach du lieber Gott", lachte Jack. „Entschuldigen Sie bitte, daß ich einen solchen Eindruck auf Sie gemacht habe."
„Nein", sagte der Direktor. „Es hat mir gefallen. Die meisten Menschen fummeln[8] nervös an irgend etwas herum, wenn sie zu mir ins Büro kommen, und man merkt, daß ihnen nicht wohl dabei ist. Sie kamen hier herein wie einer meinesgleichen. Übrigens, in welche Abteilung möchten Sie gern versetzt werden?"
Die Geschichte zeigt, daß Bildung an sich nicht so wichtig ist wie Charakter und Persönlichkeit.

aus: *Alexander S. Neill, Theorie und Praxis der antiautoritären Erziehung,* Rowohlt, Taschenbuch Verlag, Reinbek bei Hamburg 1969

Worterklärungen

[1] fügsam leicht zu lenken, gehorsam
[2] suggestiv *hier:* geschickt

[3] r Snobismus, - (o.pl.) — Wichtigtuerei, Arroganz
[4] neurotisch — seelisch gestört, krank
[5] e Genesung (o.pl.) — der Prozeß der Gesundwerdung, Erholung
[6] konkurrieren — miteinander darum kämpfen, wer der bessere ist
[7] Eton — berühmte konservative Internatsschule nahe bei London
[8] fummeln — etwas mit den Händen betasten, berühren

Erschließung des Inhalts

Entscheiden Sie, ob auf der Grundlage des Textes die folgenden Sätze inhaltlich richtig oder falsch sind.

1. Eine Schule, die Kinder nutzlose Dinge lernen läßt, ist eine schlechte Schule.
2. Kinder, die fügsam und unschöpferisch bleiben sollen, werden nach Summerhill geschickt.
3. In Summerhill sollen sich die Kinder frei, ihrem eigenen Wesen entsprechend, entwickeln.
4. Die Lehrer zwingen die Kinder daher nicht, ihnen zu gehorchen.
5. Jeder kann am Religionsunterricht teilnehmen.
6. Neill glaubt, daß Kinder von Natur aus Verstand und Wirklichkeitssinn besitzen.
7. Welchen Beruf ein Summerhill-Schüler ergreift, hängt ab vom Unterricht, den er besucht, und vom Wunsch seiner Eltern.
8. Neill ist stolz darauf, daß noch kein ehemaliger Summerhill-Schüler Straßenfeger wurde.
9. Es ist den Kindern überlassen, ob sie am Unterricht teilnehmen.
10. Ob ein Kind einen Lehrstoff erfolgreich lernt, hängt von der Lehrmethode ab.
11. Schüler, die von anderen Schulen nach Summerhill kommen, weigern sich oft monatelang, den Unterricht zu besuchen.
12. Außenstehende halten Summerhill oft für eine verrückte Sache, weil die Kinder nicht zum Lernen verpflichtet werden.
13. Auch wird bezweifelt, ob sich ehemalige Summerhill-Schüler im Berufsleben gegenüber anderen behaupten können.
14. Da Jack in Summerhill versagte, mußte er Arbeiter in einer Maschinenfabrik werden.
15. Der Verwaltungsdirektor war ärgerlich, weil Jack sich ihm gegenüber benahm, als wäre er auch ein leitender Angestellter.
16. Er versetzt ihn zur Strafe in eine andere Abteilung.
17. Neill hält die Entwicklung des Charakters für wichtiger als die Anhäufung von Schulwissen.

Zur Diskussion gestellt

Lesen Sie im folgenden einen Aufsatz, der zu dem Schulmodell „Summerhill" Stellung nimmt. Man nennt einen solchen Aufsatz eine Erörterung.

SOLLTE DAS MODELL „SUMMERHILL" AN ALLEN SCHULEN EINGEFÜHRT WERDEN?

Die im Jahre 1921 gegründete englische Internatsschule Summerhill gilt auch heute noch als Musterbeispiel für antiautoritäre Erziehung. Die Kinder dort dürfen selbst entscheiden, ob sie am Unterricht teilnehmen und wie sie ihr Gemeinschaftsleben organisieren. Manche Befürworter von Summerhill empfehlen, dieses Modell überall zu verbreiten.

Sie weisen darauf hin, daß nur ein Kind, das nicht von Erwachsenen in ein bestimmtes Erziehungsschema gepreßt wird, sich entsprechend seinen Möglichkeiten entwickeln kann. Wenn ein Schüler nur den Unterricht zu besuchen braucht, der ihn wirklich interessiert, dann wird die Voraussetzung dafür geschaffen, daß dieser junge Mensch den Beruf seiner Wahl ergreifen kann.

Die Gleichberechtigung von Erwachsenen und Kindern, die ungezwungenen Umgangsformen in Summerhill lassen ein natürliches Selbstvertrauen in der Jugend entstehen. Ein Mensch, der von Kindheit an in eigener Verantwortung sein Handeln bestimmen kann, wird glücklich sein. Und wäre es nicht für jede Schule ein Ziel, glückliche Menschen hervorzubringen?

Allerdings glauben auch die Anhänger anderer fortschrittlicher pädagogischer Systeme, daß sie dieses Ziel erreichen können. Es gibt moderne Lehrmethoden, die auf das jeweilige Alter abgestellt sind: bei den jüngeren Schülern werden z. B. Spiel und Ausflüge in den Unterricht einbezogen, bei den älteren Schülerexperiment und Klassendiskussion. Sind Jugendliche, denen die Schule Spaß macht, keine glücklichen Menschen?

Natürlich ist Voraussetzung, daß der Lehrer sie richtig motiviert, und das kann er nur, wenn er die individuellen Interessen seiner Schüler anspricht. Geht das im Rahmen des jeweiligen Lehrprogramms nicht, dann muß er diesen Kindern einen anderen Ausbildungsweg empfehlen. So richtig es ist, daß Freiheit und Entfaltung der Persönlichkeit in Zusammenhang stehen, so sehr kann Zügellosigkeit auch der Entwicklung eines Jugendlichen schaden. Wie mancher Erwachsene wünscht, er hätte früher seine Zeit sinnvoller ausgenutzt. Freiheit muß immer auch durch Ordnung ergänzt werden, wenn sie dem einzelnen nützen soll.

Damit soll nicht der von Neill abgelehnten Paukschule das Wort geredet werden. Ein Kind soll sich, seinen Neigungen entsprechend, frei entfalten können, doch haben die Erwachsenen die Verantwortung, es dabei zu leiten und zu fördern. Wenn sich diese Erkenntnis immer mehr durchsetzt, dann wird es bald keine schulgeschädigten Kinder mehr geben, die zur „Genesung" ein Summerhill brauchen.

Sprach- und Aufsatzübung

Eine Erörterung ist folgendermaßen aufgebaut:

A. Einleitung
(sie führt zum Thema der Erörterung hin: man kann historisch die Entwicklung aufzeigen oder von einem aktuellen Ereignis ausgehen oder den Zusammenhang des Themas umreißen)

B. Hauptteil
(er gliedert sich in der Regel in zwei Hauptabschnitte, in denen das Für und Wider der gestellten Frage diskutiert wird)

C. Schlußteil
(er bringt das Ergebnis der Erörterung und endet mit einem weiterführenden Gedanken)

Zur Vorbereitung einer Erörterung fertigt man am besten eine *Gliederung* des Aufsatzes an.

Hier ein Beispiel zum Thema:
„Ist eine moderne Lehrmethode eine wichtige Voraussetzung für einen erfolgreichen Unterricht?"

A. (Einleitung) Die Erprobung geeigneter Lehrmethoden spielt in der zeitgenössischen Pädagogik eine große Rolle.

B. (Hauptteil) Ist eine moderne Lehrmethode eine wichtige Voraussetzung für einen erfolgreichen Unterricht?
   I. Dagegen spricht:
   1. Jahrhundertelang haben die Schulen auch ohne besondere Methodik funktioniert.
   2. Das persönliche Geschick des Lehrers ist wichtiger als die Methode, die er befolgt.
   3. Letztlich entscheiden Begabung und Fleiß des Schülers über den Unterrichtserfolg.
   II. Dafür spricht:
   1. Eine gute Methode vermittelt Freude am Unterricht und steigert die Lernmotivation.
   2. Sie spricht mehr die Erkenntniskräfte des Schülers an.
   3. Sie bietet den Lehrgegenstand sachgerechter dar.

C. (Schluß) Eine moderne Lehrmethode ist eine wichtige Voraussetzung, aber keine Garantie für den Unterrichtserfolg.

Übungsaufgaben

1. Stellen Sie in der vorausgegangenen Erörterung die Einleitung, den Hauptteil und den Schluß fest. Tragen Sie das Gliederungsschema A, B, C in den Text ein.
2. Welche Argumente werden im Hauptteil aufgeführt? Kennzeichnen Sie jeweils im Text den Beginn der einzelnen Argumente.
3. Ergibt sich der Schluß konsequent aus dem Hauptteil? Begründen Sie Ihre Meinung.
4. Fertigen Sie eine Gliederung zu einem der folgenden Themen an:
   a) Sollte der Lehrer für die Schüler unbestrittene Autorität oder Kamerad sein?
   b) Soll sich die Schule um die Gestaltung der Freizeit der Schüler kümmern?
   c) Sollte man nicht die höheren Schulen schließen und die Ausbildung der Jugendlichen in die Praxis des Berufslebens verlegen?
5. Schreiben Sie einen Aufsatz zu der oben ausgeführten Gliederung zum Thema „Ist eine moderne Lehrmethode eine wichtige Voraussetzung für einen erfolgreichen Unterricht?".

3 ... der jugendfrohe Anfang der Tyrannis

Wenn Väter ihre Kinder einfach gewähren und laufen lassen, wie sie wollen ...
wenn Söhne ihre Eltern weder scheuen noch sich um ihre Worte kümmern ...
wenn Lehrer vor ihren Schülern zittern, statt sie sicher einen geraden Weg zu führen ...
wenn es so weit ist, daß sich die Alternden unter die Jungen stellen und ihre Albernheiten und Ungehörigkeiten übersehen oder gar daran teilnehmen, damit sie ja nicht den Anschein erwecken, als seien sie auf Autorität versessen ...
wenn auf diese Weise die Seele und die Widerstandskraft der Jungen allmählich mürbe werden ...
wenn sie aufsässig[1] werden und nicht mehr ertragen, daß man ein klein wenig Unterordnung von ihnen verlangt ...
wenn sie am Ende dann auch die Gesetze verachten ...
dann ist das der schöne und jugendfrohe Anfang der Tyrannis.

Platon, gestorben 347 v. Chr.

Wer ehrlich ist, gibt zu: Seit geraumer Zeit vollzieht sich in den Industrienationen ein Prozeß, den man mit einem Vorgang aus der Geographie vergleichen möchte: Wie kontinentale Erdschollen[2] driften[3] ältere Erziehungsgenerationen auf der einen Seite und Teile der nachwachsenden jüngeren Generation auf der anderen auseinander.

Die Übertragung der Lebenserfahrung von den Älteren zu den Jüngeren – und nichts anderes meint das Wort Erziehung – ist empfindlich gestört. Das haben nicht die Kinder, nicht Jugendliche verursacht, sondern eindeutig jene Pädagogen, die die Jugend bewußt allein ließen, den Verzicht auf Erziehung förmlich einkalkulierten[4].

Diese neue „emanzipatorische"[5] Erziehungslehre, vorgetragen etwa von Herbert Marcuse und seinem Kreis in Frankfurt, predigte Freiheit. Gemeint war Freiheit in einer sehr primitiven Form: nämlich als Abschaffung oder Ausschaltung möglichst jeder über die biologische Existenzsicherung hinausgehenden Einflußnahme der „etablierten"[6] Erziehungskräfte, d. h. der Eltern, Lehrer, Kirchen. Die neuen Lernziele, die man der Jugend aufgab, hießen „Befähigung zum qualifizierten Ungehorsam"[7], zur „großen Verweigerung", zum Konflikt um seiner selbst willen. Nach einem Jahrzehnt sehen wir klar, wohin die Pädagogik des Laufenlassens mitsamt dem aggressiven Feindbild von der Familie, das sie der Jugend vermittelte, geführt hat. Die Notwendigkeit zur Disziplin wird in Frage gestellt, positive Vorbilder werden vermiest, Staat und Kirche verächtlich gemacht, Ehe, Treue und Keuschheit als „fossile[8] Lebensformen" verspottet. Statt dessen wird das schrankenlose Ausleben der Triebe bis hin zur „Gewalt gegen Sachen" als fortschrittlich hingestellt. Aber was haben wir durch dieses ganze Blendwerk der antiautoritären Erziehungspropaganda gewonnen?

Diese ganze Bewegung hat sich als ein einziges Verlustgeschäft herausgestellt. Die Zerstörung der vertrauten Ordnung und der Abbau der bewährten Lebensstützen schufen eben nicht automatisch mehr Schönheit, mehr Freude im Leben der Jugend. Was zunahm, waren Labilität[9], Leere, Unsicherheit, Unlust, Unzufriedenheit, und neuerdings immer besorgniserregender: die kriminelle Anfälligkeit.

Was nottut, ist also eine Erziehung, die in die Pflicht nimmt. Je weniger die Umwelt dem jungen Menschen abverlangt, desto schwerer fällt ihm die Leistungsentfaltung. Erziehung sollte dazu fähig und bereit machen, regelmäßig, auch ausdauernd zu arbeiten – selbst wenn man gerade keine Lust dazu verspürt. Sie sollte die Kraft geben, auf etwas verzichten zu können. Sie sollte helfen, Anstandsregeln zu beachten.

Eines ist sicher: Mit der Schärfung des moralischen Bewußtseins, mit dem Wachsen der Willenskräfte, der Standfestigkeit und Entscheidungsstärke der Kinder wächst auch ihre Ich-Stärke. Nicht das Treibenlassen der Triebwelt und die selbstherrliche „Gewalt gegen Sachen" machen frei, sondern die Zustimmung zur Ordnung. Eine aus dem Geborgenheitsbedürfnis der Kinder sich stets erneuernde natürliche Bereitschaft zur Bindung steht als Bundesgenosse an der Seite jedes vernünftig Erziehenden.

aus: *Schule und wir, Nr. 6/1977*

Worterklärungen

[1] aufsässig — voll Protest, widerspenstig, ungehorsam und frech
[2] e kontinentale Erdscholle, -n — *hier:* das große Stück Land, das einen Kontinent umfaßt
[3] driften — sich (langsam) bewegen
[4] einkalkulieren — bei seinen Überlegungen mitbedenken
[5] emanzipatorische Erziehungslehre — Erziehung im Sinne von Summerhill (siehe Text 2)
[6] etabliert — einen gesicherten Platz in der Gesellschaft einnehmend
[7] qualifiziert — *hier:* planmäßig, wohl überlegt
[8] fossil — vorweltlich, urzeitlich
[9] e Labilität (o.pl.) — schwacher, leicht beeinflußbarer Charakter

Erschließung des Inhalts

In folgendem sind zu den einzelnen Abschnitten des zweiten Textes Überschriften gegeben. Stellen Sie fest, zu welchen Abschnitten diese Überschriften jeweils gehören.

a) Die antiautoritäre Pädagogik lehnt die Übertragung der etablierten Lebensformen von den Erwachsenen auf die Kinder ab.
b) Eine verantwortungsbewußte Erziehung muß den Jugendlichen Hilfen für das Leben geben.
c) Die antiautoritäre Bewegung hat der Jugend nur Nachteile gebracht.
d) Die neue Pädagogik verspottet die hergebrachten Werte und preist den grenzenlosen Individualismus.
e) Durch eine richtige Erziehung wird das Ich des Kindes gestärkt und frei.
f) Die Lebensformen der Erwachsenen und großer Teile der Jugend entwickeln sich voneinander weg.
g) Die emanzipatorische Erziehungslehre fordert die Jugend zur autonomen Selbstentfaltung und Ablehnung der etablierten Gesellschaft auf.

Zur Diskussion gestellt

Zum Platon-Text:
1. Warum halten Sie Platons Argumentation für richtig (bzw. falsch)?
2. Welche Bezüge können Sie feststellen zwischen Platons Feststellungen und unserer Zeit?

Zum modernen Text:
3. Der Autor beklagt, daß die Lebensformen von Älteren und Jüngeren auseinanderdriften. Welche Gründe sprechen nach Ihrer Ansicht dafür (bzw. dagegen), daß die Jugend die Lebensformen der Erwachsenen übernimmt?
4. Wie beurteilen Sie die Forderung, daß die Kinder sich unbeeinflußt von den Erwachsenen entwickeln sollen?
5. Untersuchen Sie, wie der Autor im 4. und 5. Abschnitt durch die Wortwahl die antiautoritäre Erziehung angreift.
6. Was halten Sie von den Erziehungszielen, welche der Autor im 6. und 7. Abschnitt fordert?

Übung zur Festigung des Wortschatzes

Ergänzen Sie jeweils eines der folgenden (als Adverb gebrauchten) Adjektive (Manchmal können auch mehrere Adjektive eingesetzt werden. Diskutieren Sie den Bedeutungsunterschied.):

aufmerksam, automatisch, besorgniserregend, bewußt, eindeutig, einfach, empfindlich, förmlich, gewissenhaft, regelmäßig

Beispiel: Die Väter lassen ihre Kinder gewähren.
Lösung: Die Väter lassen ihre Kinder einfach gewähren.

1. Das Verhältnis der Eltern zu den Kindern ist gestört.
2. Die Schuld an der Labilität der Jugendlichen geht auf das Konto unverantwortlicher Erwachsener.
3. Sie haben die jungen Menschen mit ihren Problemen allein gelassen.
4. Marcuse hat darauf hingearbeitet, alle erzieherischen Maßnahmen zu verhindern.
5. Aber seine Lehre hat nicht mehr Lebensfreude für die jüngere Generation gebracht.
6. Im Gegenteil: die Neigung zu Gesetzesübertretungen hat zugenommen.
7. Die Menschen müssen bereit sein, einander zuzuhören.
8. Die Eltern haben die Pflicht, ihre Kinder zu erziehen.
9. Ein Kind muß lernen zu arbeiten.

Die Suche nach dem passenden Ausdruck

Suchen Sie für die schräg gedruckten Satzteile jeweils ein treffendes Substantiv, das die entsprechende Bedeutung wiedergibt, und formulieren Sie den Satz entsprechend um.

Beispiel: Die Übertragung *der Erfahrung, die im Laufe eines Lebens gesammelt wurde,* von den Älteren zu den Jüngeren ist gestört.

Lösung: Die Übertragung der Lebenserfahrung von den Älteren zu den Jüngeren ist gestört.

1. Marcuse hat durch seine *Lehre, wie Kinder erzogen werden sollten,* Schaden angerichtet. (Z. 25)
2. Er vertritt die Meinung, die Kinder sollten sich entwickeln, ohne *daß die Eltern Einfluß nehmen.* (Z. 28)
3. Jeder sinnvolle Unterricht setzt voraus, daß sich der Lehrer klar wird über *die Ziele, die durch das Lernen erreicht werden sollen.* (Z. 30)
4. Die emanzipatorische Pädagogik vermittelt der Jugend *die Vorstellung, die Familie sei ihr Feind.* (Z. 33)
5. Die antiautoritäre Erziehung gleicht einem *Geschäft, bei dem man Geld verliert.* (Z. 40)
6. Im Elternhaus und in der Schule sollte man die *Regeln* lernen, *die im Umgang mit anderen gelten.* (Z. 49)
7. Wer von einem mächtigen Feind bedroht wird, versucht, *Genossen* zu gewinnen, *die sich mit ihm verbünden.* (Z. 56)

Übungen mit Präpositionalergänzungen

Bilden Sie Sätze und verwenden Sie dafür folgende (aus dem Text entnommene) Verben und die hier angegebenen Objekte:

1. sich kümmern   – Worte der Eltern
2. zittern   – wütender Chef
3. teilnehmen   – Diskussion über Jugendprobleme
4. versessen sein   – Erdbeereis
5. Unterordnung verlangen   – Kinder
6. sich herausstellen   – große Dummheit
7. verzichten   – Belohnung
8. Lust verspüren   – Spaziergang
9. stehen   – Seite
10. nehmen   – Pflicht

4 Warum erziehen wir?

Was tun wir, wenn wir erziehen? Was soll bei unsern Erziehungsbemühungen eigentlich herauskommen? Was soll aus unsern Kindern einmal werden? Die Reformpläne, die auf dem Gebiet der Pädagogik zur Zeit diskutiert werden, haben den Vorteil, daß sie die Frage nach dem Ziel von Erziehung stellen und auch zu beantworten wagen.
Die Antwort ist eindeutig: Der Bedarf der Gesellschaft muß befriedigt werden. Die Gesellschaft braucht Ärzte, Techniker, Handwerker, Juristen[1], Lehrer, Facharbeiter[2] in genügender Anzahl und in möglichst hoher Qualität. Also muß unsre Erziehung diesen Anforderungen entgegenkommen.
Das ist ein klares Programm. Es hat den großen Vorzug, daß es die Erziehungsaufgabe der Gegenwart entnimmt und nicht irgendwelchen Erziehungs- und Bildungsidealen der Vergangenheit nachtrauert. Es hat aber den schweren Nachteil, daß es die Frage nach dem Erziehungsziel nur aufgrund der wirtschaftlichen und sozialen Notwendigkeiten beantwortet. Was die Gesellschaft braucht, ergibt sich aus der Berufsstatistik und aus der Liste der beruflichen Qualifikationen[3]. Daran sind die Forderungen, die die Gesellschaft an die Erziehenden richtet, ziemlich genau abzulesen. Die Pädagogen sollen den jungen Menschen jene Kenntnisse und Fähigkeiten vermitteln, die sie für die Bewältigung ihrer beruflichen Aufgaben benötigen.
Niemand wird bezweifeln, daß die Gesellschaft in der Lage ist, durch Benennung der Anforderungen an die einzelnen Berufe, zu formulieren, was sie braucht. Aber was braucht die Gesellschaft unserer Tage wirklich?
Es könnte doch sein, daß sie sich in der Beschreibung ihres Bedarfs irrt oder daß sie ihn sehr unvollständig angibt, daß sie also etwas ganz anderes oder sehr viel mehr braucht, als aus ihren Bedarfsmeldungen abzulesen ist. Nehmen wir beispielsweise an, die Gesellschaft gäbe uns zu verstehen, daß es ihr ausschließlich auf fachliche Leistungen ankomme. Haben wir also unseren Kindern beizubringen, daß ihr Leben nur dann gedeihen könne, wenn sie erstklassige Leistungen aufzuweisen hätten?
Zweifellos ist es wünschenswert, daß unsere Kinder möglichst früh begreifen, daß sie etwas leisten müssen und daß es niemanden gibt, der die Faulheit honoriert[4]. Aber ist das alles? Und wird dieser pädagogische Leitsatz nicht völlig falsch, wenn er sich mit einem Werturteil verbindet: Wer mehr leistet, ist auch mehr wert? ...
Daß solche pädagogischen Leitgedanken nicht stimmen, ist offensichtlich, auch dann, wenn sie in großem Umfange praktiziert werden. Also bleibt die Frage zu erörtern, welches Ziel die Pädagogik verfolgen soll über die Vorbereitung auf einen Beruf, über die Befriedigung des gesellschaftlichen Bedarfes hinaus.

aus: *Horst Bannach, Religion ist kein Fach, RADIUS-Vierteljahreszeitschrift, Nr. 2, 1960*

Worterklärungen

[1]	r Jurist, -en, -en	jmd., der Rechtswissenschaft studiert hat
[2]	r Facharbeiter, -s, -	ein Arbeiter, der für einen bestimmten Beruf besonders ausgebildet wurde
[3]	e Qualifikation, -en	besondere Eigenschaft
[4]	honorieren	belohnen, durch eine Gegenleistung anerkennen

Erschließung des Inhalts

Unterstreichen Sie jeweils die Textstellen, durch welche die folgenden Fragen beantwortet werden.

1. Wo werden jene Fragen formuliert, auf die der Hauptteil des Textes eine Antwort gibt?
2. Welches allgemeine Erziehungsziel geben die Reformpläne an?
3. Welche Beispiele für den Bedarf der Gesellschaft werden genannt?
4. Welchen Vorzug spricht der Autor den heutigen Erziehungszielen zu?
5. Welchen Nachteil stellt er fest?
6. Woraus wird der Bedarf der Gesellschaft ermittelt?
7. Welchen Wert schätzt unsere Gesellschaft besonders hoch ein?
8. Wie steht der Autor zu den Erziehungszielen der pädagogischen Reformer?

Zur Diskussion gestellt

1. „Ziel der Erziehung soll es sein, den Bedarf der Gesellschaft zu befriedigen." Nehmen Sie Stellung zu dieser These.
2. Glauben Sie, daß in Summerhill junge Menschen dazu erzogen werden, in ihrem späteren Leben den „Bedarf der Gesellschaft" zu befriedigen?
3. Die Verfasser von Text 3 und 4 fordern Leitbilder für die Erziehung. Was meinen Sie dazu?

Übung zur Festigung des Wortschatzes

Erklären Sie mit eigenen Worten, was die schräg gedruckten Stellen bedeuten.

1. Was soll *bei* unseren Erziehungsbemühungen *herauskommen*?
2. Was soll *aus* unseren Kindern *werden*?
3. Der *Bedarf* der Gesellschaft *muß befriedigt werden*.
4. Meine Pläne müssen den *Anforderungen* meines Partners *entgegenkommen*.
5. Das pädagogische Reformprogramm *entnimmt die Erziehungsaufgabe der Gegenwart*.

6. Die Gesellschaft *richtet Forderungen an* die Erziehenden.
7. Sie irrt sich *in der Beschreibung ihres Bedarfs.*
8. Viele sind der Ansicht, daß es heutzutage in erster Linie *auf fachliche Leistung ankommt.*
9. Wenn einer Außenseitern hilft, wird er feststellen, daß dies selten von der Gemeinschaft *honoriert wird.*
10. *Der Leitgedanke* „wer mehr leistet, ist mehr wert" *wird* heute vielfach *praktiziert.*

Ausdruck der eigenen Meinung

1. Unterstreichen Sie im Text alle Ausdrücke, welche die Meinung des Verfassers bekräftigen sollen (z. B. „zweifellos") (Z. 30).
2. Ändern Sie den Gehalt folgender Thesen, indem Sie die jeweilige Aussage als Ihre Überzeugung hinstellen.

Beispiel: Der Bedarf der Gesellschaft muß durch das Bildungswesen befriedigt werden.

Lösung: Mir scheint (oder: Ich bin der Meinung), daß der Bedarf der Gesellschaft durch das Bildungswesen befriedigt werden muß.
oder:
Meines Erachtens muß der Bedarf der Gesellschaft durch das Bildungswesen befriedigt werden.

1. Unsere Erziehung muß den Anforderungen der Gesellschaft entgegenkommen.
2. Die Pädagogik sollte ihre Ziele der Gegenwart entnehmen.
3. Was die Gesellschaft braucht, ergibt sich aus der Berufsstatistik.
4. Die Gesellschaft kann ihren Bedarf genau angeben.
5. Im heutigen Leben kommt es ausschließlich auf fachliche Leistungen an.
6. Wer mehr leistet, ist auch mehr wert.

Einfügung von freien Angaben

Fügen Sie in die folgenden Sätze die in Klammern stehenden Ausdrücke ein (achten Sie auf die richtigen Endungen und die nötigen Präpositionen).

1. Die Reformpläne, die im Gespräch sind, haben ein klares Ziel (Erziehungssektor, zur Zeit).
2. Die Gesellschaft braucht Akademiker (genügender Anzahl, auch in Zukunft).
3. Auch der Bedarf an Facharbeitern ist nicht befriedigt (immer noch, Westdeutschland).

4. Es ist wünschenswert, daß unsere Kinder den Wert von Leistung begreifen (zweifellos, möglichst früh).
5. Diese These ist falsch, auch wenn sie praktiziert wird (offensichtlich, großer Umfang).
6. Wir müssen die neuen Erziehungsprogramme prüfen, bevor wir sie verwirklichen (sorgfältig, unsere Schulen).

5 Der Sieger

Vielleicht hatte er erwartet, als er uns jetzt herausfordernd der Reihe nach anblickte, daß wir über seine Niederlage in lauten Jubel[1] ausbrechen würden? – Aber wir taten ihm den Gefallen nicht; wir hatten uns alle gut in der Gewalt, denn es war gefährlich, ihn zu reizen.
Wir mochten ihn nicht, diesen Kraftprotz[2], der, wenn er einmal den Mund aufmachte, was höchst selten geschah, von nichts anderem sprach als von seinen Kräften, vom Expanderziehen[3], Gewichtheben, Ringen und Boxen.
Diese Niederlage hatte er verdient, und es gab wohl keinen unter uns, der sie ihm nicht von Herzen gönnte.
Es herrschte eine Art Spannung, die jeder spürte, und die doch jeder zu ignorieren[4] versuchte, und von der man nicht wußte, wie sie sich lösen würde; aber es war klar, daß dies hier nur der Anfang war, dazu kannten wir ihn zu genau. Wir hatten vor allem etwas Angst um Bert, der so unbeschwert glücklich war, weil er den Fünfkampf gewonnen hatte und an nichts anderes mehr denken konnte.
Erst als Dr. Brenner vom unteren Ende des Platzes heraufkam (er hatte sich von dem letzten, entscheidenden Wurf Berts persönlich überzeugt), wirkten alle ein bißchen gelöster.
„Großartig", sagte er, „Riedel, das haben Sie großartig gemacht", und er schüttelte Bert die Hand.
Und dann gingen wir alle hin und schüttelten ihm die Hand, klopften ihm auf die Schulter und sagten „prima" oder „fabelhaft hast du das hingekriegt, alter Junge", wie man das so sagt mit siebzehn, achtzehn.
„Dannwitz", sagte Dr. Brenner, „gehen Sie hin und gratulieren Sie ihm!"
Dannwitz blieb stehen und rührte sich nicht, den kräftigen, muskulösen Oberkörper nach vorn geneigt, mit unruhig hin und her pendelnden[5] Armen stand er da und rührte sich nicht, tat keinen Schritt, und als Bert von sich aus auf ihn zuging, drehte er sich um, zeigte sein breites Kreuz und zog sich umständlich die Trainingsjacke über den Kopf.
Vielleicht hatte der Lehrer es nicht bemerkt; er tat jedenfalls so, zog den Notizblock hervor und rechnete die Punkte noch einmal zusammen. Außerdem hatte er

es eilig, er mußte die Siegerurkunden ausschreiben, denn heute abend war Schulfest, und da sollten sie verteilt werden.
Wir hatten geduscht und fühlten uns wunderbar erfrischt und dachten im Augenblick an nichts anderes mehr als an den kommenden Abend. Wir gingen über den sonnenbeschienenen Platz, hatten die Trainingsblusen über dem Arm, und Bert ging in der Mitte, zwischen Bruno und mir.
„Wie hast du das nur gemacht?" fragte Bruno.
„Es war Technik", sagte Bert, „ich habe viel geübt, und vor allem habe ich mir genau angesehen, wie es die Diskus- und Speerwerfer machen. Jeder von euch kann das ebensogut."
„Na, na", sagte Bruno, „und Dannwitz, hast du den gesehen?"
„Er ist viel stärker als ich", sagte Bert, „aber er macht es eben nur mit der rohen Kraft, wenn der noch die richtige Technik beherrschte, wäre er nicht zu schlagen!"
Die Straßen waren kühl und mittagsleer, aber wir gingen am Rande der Stadt entlang zum Fluß hinunter, den Weg, der von Büschen und einem hüfthohen Zaun umsäumt[6] war und über den Ameisen und blitzende kleine Käfer liefen.
Wir hatten es gar nicht bemerkt, daß er uns gefolgt war, denn wir sprachen über den Abend und über das Fest und über das Mädchen, das jeder von uns eingeladen hatte.
Mit einemmal war er plötzlich da. Sein Schatten lag breit und gefährlich vor unseren Füßen. Wir standen wie auf Kommando still. Sein Atem ging keuchend[7], und wir froren, als wir ihm ins Gesicht sahen.
Der Weg lief hier in eine Wiese hinein, durch die ein kleines Gewässer plätschernd zum Fluß hinunterglitt. Eine Ziege lag in der Wiese, starr, wie ein weißer Fleck.
Bert hatte gerade gesagt: „Sie hat mir versprochen, daß sie kommt."
Dannwitz' Adamsapfel[8] ging auf und nieder; sein Gesicht war schweißnaß, und die Haare hingen ihm wie Fransen[9] in die Stirn.
„Ihr seid doch drei", sagte er kaum hörbar, „kommt, ihr seid doch drei . . ."
Niemand antwortete.
Nach einer Weile sagte Bert: „Geht man, geht nach Hause, ich will nicht, daß ihr da hineingezogen werdet."
Er schob uns zur Seite und stellte sich mit hängenden Armen hin.
„Nun, fang an", sagte er flüsternd. „Ich wehre mich nicht einmal, ich weiß, daß es keinen Zweck hat, mich zu wehren, also, fang an . . ."
Die Glocken der Michaeliskirche läuteten plötzlich über den Mittag hin. Die Ziege erhob sich träge und kam langsam an den Weg heran. Dannwitz stand da, mit geballten Fäusten und einem flackernden Licht in den Augen, das aber langsam erlosch. Sein Unterkiefer fiel herab, was seinem Gesicht einen merkwürdig hilflosen Ausdruck verlieh, seine breiten Schultern sackten zusammen, die Fäuste lösten sich, und wahrhaftig, er weinte.
Wir sahen es fassungslos.

Und dann, so plötzlich, wie er gekommen war, drehte er sich auf dem Absatz herum und trabte davon mit schwankenden Schritten, wie ein großer, verwundeter Bär.
„Er hat geweint", sagte ich zu Hause bei Tisch. „Nie hätten wir so etwas für möglich gehalten."
„Seit wann ist er bei euch?" fragte mein Vater.
„Ich glaube, seit anderthalb Jahren, aber wir mochten ihn nicht, von Anfang an mochten wir ihn nicht, ganz besonders nicht, als er anfing, seine Kräfte auszuspielen."
„Womit hätte er auch sonst imponieren[10] sollen?"
„Imponieren?"
„Na ja, was sonst", sagte mein Vater. „Ihr seid doch eine Clique[11], nicht wahr, ihr kennt euch seit zehn und mehr Jahren. Er kam dazu, ein Fremder, einer, der neu war, ist es nicht so?"
Ich schwieg.
Es war Abend, und der Abend war mild und weich. Sie hatten bunte Lampions aufgehängt, die Musiker waren schon da, und ich freute mich auf jeden und auf alles.
Und da sah ich ihn stehen, er stand unter den Buchen, nicht vom Licht des Festplatzes getroffen, er stand da, wesenlos, wie ein Schatten, und ich erkannte nur die Konturen[13] seines Gesichtes.
Ich ging schweigend an ihm vorbei, aber mein Herz schlug mir im Halse.
Hatte ich etwa Angst? Nein, Angst war es nicht, was mir die Kehle schnürte. Bert rief mich an. „Die Mädchen sind da", sagte er. Die anderen kamen hinzu, der Kreis war geschlossen. Ich blickte verstohlen zu den dunklen Buchen hin.
Ich ging fort und setzte mich an einen Tisch, über dem ein roter Mond baumelte.
Ich stieß den Mond mit dem Finger an, und er schaukelte hin und her.
„Was ist?" fragte Bert, und er setzte sich neben mich.
Ich zuckte mit den Schultern. – „Er steht da", sagte ich nach einer Weile und wies mit dem Kopf in die Richtung der Buchen.
„Du kannst seinen Schatten sehen, mehr nicht, er steht da, als ob er nicht zu uns gehört."
Wir schwiegen beide. Der Mond über uns schwang hin und her.
„Ich würde es versuchen", sagte ich dann, „aber ich kann es nicht, deinetwegen."
„Was willst du, daß ich tun soll?"
„Hör zu, Bert, wir haben ihm niemals eine Chance gegeben, niemals, ich glaube, das ist es!"
„Gut", sagte Bert und stand auf.
„Falls du es vergessen haben solltest!" rief ich ihm nach, „er heißt Werner!"
Ich weiß nicht, was sie miteinander gesprochen haben, ich will es auch nicht wissen. Aber sie kamen zusammen zwischen den Bäumen hervor, lässig[14] gingen

sie nebeneinander, als sei es schon immer so gewesen, und ich dachte, wer von ihnen hat nun eigentlich heute gewonnen. Der Mond über mir stand still. Ich gab
115 ihm noch einen kräftigen Schubs. Als wir zu dritt den Festplatz erreichten, begann die Musik zu spielen.

Erich Junge, Der Sieger, Westermanns Monatshefte, Nr. 5/1958

Worterklärungen

1	r Jubel, -s (o. pl.)	große lebhaft geäußerte Freude
2	r Kraftprotz, -es, -e	jmd., der sehr viel Kraft besitzt und damit prahlt
3	r Expander, -s, -	Trainingsgerät zur Kräftigung der Armmuskeln (Metallfedern werden auseinandergezogen)
4	ignorieren	nicht beachten
5	pendeln	hin und her schwingen
6	umsäumen	einfassen, (als Rand) umgeben
7	keuchen	mit Mühe und laut atmen
8	r Adamsapfel, -s, ⸚	hervortretender Knorpel am Hals
9	Fransen (pl.)	viele einzelne Fäden (als Saum von Textilien)
10	imponieren	großen Eindruck machen
11	e Clique, -n	kleinere Gruppe von Menschen, die sich gegenseitig unterstützen und Vorteile verschaffen
12	r Lampion, -s, -s	bunte Lampe aus Papier
13	e Kontur, -en	äußere Linie eines Körpers
14	lässig	ungezwungen

Fragen zur Interpretation

1. Um was für eine Art von Text handelt es sich hier (Andekdote, Bericht, Kurzgeschichte, Märchen)?
2. Erklären Sie die Überschrift. Wer ist der Sieger?
3. Wer ist „er" und wer sind „wir" im ersten Satz? Hat diese Gegenüberstellung von „er" und „wir" Bedeutung für die Aussage des Textes?
4. Kurzgeschichten, so auch diese hier, beginnen in der Regel ohne Einleitung mitten in einem Geschehen (Personen, Ort und Handlung bleiben zunächst unklar): Warum ist das so, was wird damit erreicht?
5. Geben Sie die Personen, den Ort und den Zeitpunkt der Geschehnisse in dieser Geschichte an.

6. Was ist wohl unmittelbar vor Beginn der erzählten Handlung passiert?
7. Warum wird Werner Dannwitz von seinen Mitschülern abgelehnt? (Beachten Sie auch das, was der Vater sagt.)
8. Wie zeigt sich die negative Einstellung der „Clique" gegenüber Dannwitz im sprachlichen Ausdruck? (z. B. er sah uns „herausfordernd" an)
9. Was geht wohl in Dannwitz vor a) nachdem er zum Gratulieren aufgefordert wurde, b) bei der Begegnung auf der Wiese? Gelingt es dem Autor, seelische Vorgänge deutlich zu machen?
10. Welche Stimmung herrscht zunächst auf dem Nachhauseweg?
11. Was soll mit dem Satz „Sein Schatten lag breit und gefährlich vor unseren Füßen" deutlich gemacht werden?
12. Was will Dannwitz auf dem Wiesenweg, und warum gibt er seine Absicht auf?
13. Wie ist Dannwitz' Verhalten gegenüber seinen Mitschülern zu erklären? Warum schlägt dem Ich-Erzähler das Herz im Halse? Welche Folgerungen zieht er daraus?
14. Wieso kann der Ich-Erzähler nicht mit Werner reden, sondern fordert Bert dazu auf?
15. Eine Kurzgeschichte, so auch diese hier, hat einen offenen Schluß. Welchen Eindruck vermittelt dies dem Leser?
16. Diese Geschichte erzählt ein scheinbar alltägliches Ereignis, und doch hat ihre Aussage Bedeutung, auch für uns. Stimmen Sie dieser These zu?

Zur Diskussion gestellt

1. Wem geben Sie Schuld an der gespannten Situation in Dr. Brenners Klasse?
2. Untersuchen Sie anhand anderer Beispiele Ursachen und Lösungsmöglichkeiten für das Problem des Außenseiters.

Übungen zum sprachlichen Ausdruck

1. Suchen Sie zu den unten angegebenen Adjektiven und Partizipien das jeweilige Gegenteil (aus der folgenden, dem Text entnommenen Liste):

breit, bunt, dunkel, hoch, fassungslos, gefährlich, großartig, herausfordernd, kräftig, kühl, lässig, laut, mild, naß, starr, träge, umständlich, verstohlen, weich

1. bescheiden
2. leise
3. gefahrlos
4. miserabel
5. schwach
6. schmal
7. flink
8. warm
9. niedrig
10. beweglich
11. trocken
12. fleißig
13. gefaßt
14. rauh
15. hart
16. einfarbig
17. offen
18. hell
19. verkrampft

2. *Ergänzen Sie jeweils die fehlende Verbform.*
1. a) Er hatte vielleicht erwartet, daß wir über seine Niederlage in Jubel ....
   b) Als die Rock-Musiker auf die Bühne kamen, ... die Zuhörer in lauten Jubel ....
2. a) Die Mitschüler .... Werner den Gefallen nicht, über seine Niederlage zu jubeln.
   b) Warum hast du ihm den Gefallen nicht ...., obwohl ich dich darum bat?
3. a) Die Jungen .... sich alle gut in der Gewalt, denn es war gefährlich, Werner zu reizen.
   b) Er braust immer gleich auf, er müßte sich besser in der Gewalt ....
4. a) Unter den Jungen war keiner, der Werner nicht die Niederlage von Herzen ....
   b) Da Bert ein beliebter Mitschüler war, hat jeder ihm seinen Sieg von Herzen ....
5. a) Auf dem Sportplatz .... eine Art Spannung, die jeder spürte.
   b) Ob beim nächsten Fußballspiel wieder eine solche Spannung ....?
6. a) Obwohl Werner aufgefordert wurde, Bert zu gratulieren, ... er keinen Schritt.
   b) Wenn du dich mit Christoph wieder vertragen willst, mußt du den ersten Schritt ....
7. a) Als er an Werner vorbeiging, ... sein Herz ihm im Halse.
   b) Bert ist so aufgeregt, daß sein Herz ihm im Halse ....
8. a) Ich wußte nicht, was ich sagen sollte und .... mit den Schultern.
   b) Und welche Antwort hat er dir gegeben? – Er hat nur mit den Schultern ....
9. a) Die Mitschüler haben Werner niemals eine Chance ....
   b) Werner freute sich riesig, als ihm die anderen endlich die Chance ...., in ihren Kreis einzutreten.

6 ins lesebuch für die oberstufe

lies keine oden[1], mein sohn, lies die fahrpläne:
sie sind genauer. roll die seekarten auf,
eh es zu spät ist. sei wachsam, sing nicht.
der tag kommt, wo sie wieder listen[2] ans tor
schlagen und malen den neinsagern auf die brust
zinken[3]. lern unerkannt gehn, lern mehr als ich:
das viertel[4] wechseln, den paß, das gesicht.
versteh dich auf den kleinen verrat,
die tägliche schmutzige rettung. nützlich
sind die enzykliken[5] zum feueranzünden,
die manifeste[6]: butter einzuwickeln und salz
für die wehrlosen. wut und geduld sind nötig,
in die lungen der macht zu blasen
den feinen tödlichen staub, gemahlen
von denen, die viel gelernt haben,
die genau sind, von dir.

aus: *Hans Magnus Enzensberger, Gedichte 1955–70, Suhrkamp Verlag, Frankfurt 1971, „ins lesebuch für die oberstufe", S. 13*

Worterklärungen

[1] e Ode, -n — *feierliches, kunstvolles Gedicht*
[2] e Liste, -n — *hier:* Listen mit den Namen der jungen Männer, die Soldaten werden sollen
[3] e Zinke, -n — *hier:* Zeichen
[4] s Viertel, - — *hier:* Stadtviertel, Ortsteil
[5] e Enzyklika, Enzykliken — Rundschreiben des Papstes
[6] s Manifest, -e — Grundsatzerklärung, Programm einer politischen Gruppe

Fragen zur Interpretation

Fragen zur Überschrift: An wen richtet sich das Gedicht? Für welchen Zweck ist es bestimmt?
Fragen zum 1. Satz: Wer spricht? In welcher Weise spricht er zu den Schülern (beachte die Verbformen)? Oden – Fahrpläne: Welche von beiden Textarten findet man normalerweise in Lesebüchern? Warum ist der Autor dagegen, daß

Schüler sich mit Oden, mit Dichtung allgemein, beschäftigen? Was sollen sie statt dessen tun?

Fragen zu Satz 2–4: Worauf bezieht sich die Warnung „eh es zu spät ist"? Warum sollen die Schüler nicht singen (vergleiche: sie sollen keine Oden lesen)? Die „Neinsager" – wozu sagen sie „nein"? Wer sind „sie", die – ohne die Bürger zu fragen – Soldaten einberufen und Neinsager öffentlich verurteilen, also keine freie Meinungsäußerung, keine demokratische Mitbestimmung zulassen?

Frage zu Satz 5/6: Der Dichter wendet sich an Schüler, an Menschen, die selbst keine Macht haben; die Mächtigen wollen diese Jugendlichen für ihre Zwecke mißbrauchen (siehe besonders Satz 4). Was rät der Dichter den jungen Leuten? Was hält er davon, sich mit offener Gewalt zu wehren?

Frage zu Satz 7: Welchen Nutzen haben – nach Meinung von Enzensberger – feierliche Erklärungen der religiösen oder politischen Führer für die einfachen Menschen?

Frage zu Satz 8: Wie können sich die Unterdrückten gegen die Mächtigen wehren?

Zusammenfassende Frage: Oft drückt ein Gedicht die Gefühle eines Dichters in gewählter Sprache aus. Hier ist das nicht so. Dieses Gedicht hat eine pädagogische und zugleich politische Absicht. Was möchte H. M. Enzensberger mit seinem Gedicht erreichen?

Zur Diskussion gestellt

1. Halten Sie es für richtig, ein solches Thema in einem Gedicht zu behandeln?
2. Ist die verwendete Sprache noch „dichterisch" zu nennen?
3. Sollte man dieses Gedicht in einem Lesebuch für die Oberstufe eines Gymnasiums abdrucken?

Aus der Arbeitswelt

7 Was soll uns der Beruf bringen?

Der Beruf soll Befriedigung bringen
Spaß an der Arbeit ist eine Forderung, die gleichberechtigt neben der Forderung nach genügend Geld stehen muß. Denn Geld ist letztlich nur ein Mittel, um so leben zu können, wie es uns Spaß macht. Die Auffassung, man solle den Tag über arbeiten, um am Feierabend, Wochenende, im Urlaub, als Rentner[1] seine Zeit gestalten zu können, verkennt[2], daß wir den größten Teil unseres wachen Lebens im Betrieb bzw. bei der Arbeit verbringen müssen. Wollen wir diesen Teil ausklammern[3], verdrängen, oder wollen wir auch während dieser Zeit versuchen, unsere Erwartungen zu verwirklichen?

10 Spaß an der Arbeit ist möglich, wenn man ein Motiv, einen Anreiz zum Arbeiten findet. Welcher Beruf bietet das aber? Bei der Suche danach sollte die Berufsberatung des Arbeitsamtes Hilfen geben.
Was ist alles nötig, um Befriedigung bei der Arbeit zu haben?

Abwechslung

15 Wir wollen am Arbeitsplatz nicht versauern[4] und stur[5] eine Reihe von Handbewegungen und Arbeitsgängen innerhalb kurzer Zeit wiederholen und als einzige Abwechslung den Blick auf die Uhr empfinden, der uns sagt, wie lange es noch bis zum Feierabend dauert. Die Arbeit muß abwechslungsreich sein, d. h. Neues bringen, andere Aufgaben stellen. Wir wollen nicht zurückbleiben hinter den
20 Weiterentwicklungen in einem Berufsgebiet.

Sinnvolle Arbeit

Wir wollen wissen, wofür wir arbeiten und lernen, und wir wollen merken, daß unser Einsatz etwas bewirkt, das wir gut finden. Das heißt, wir müssen Bescheid wissen über Sinn und Ziel unserer Arbeit. Das gleiche gilt natürlich auch für
25 Lernschritte innerhalb der Lehre. Wir müssen erfahren, wo, wann und wie häufig geforderte Fähigkeiten eingesetzt werden können. Das ermöglicht die Einschätzung des Stellenwertes einer Arbeit bzw. eines Lernschrittes und, wenn nötig, Kritik an der Ausbildung.

Erfolg

30 Die Arbeitsaufgaben sollen uns ausfüllen, d. h. nicht unterfordern.[6] Primitive, monotone Arbeitsgänge (z. B. Fließbandarbeiten) sind eine Zumutung[7] für die Menschen, da die meisten mehr leisten können und wollen. Das heißt, jemand wird künstlich unterfordert und dumm gehalten, seine Fähigkeiten kommen nicht zur Entfaltung, sie verkümmern[8] sogar.
35 Andererseits sollen Aufgaben uns nicht überfordern. Das heißt, um eine Arbeit verrichten oder Probleme lösen zu können, müssen entsprechende Mittel vorhanden sein, wie z. B. gutes Werkzeug, Bücher und Ausbilder, die man fragen kann, ohne befürchten zu müssen, als dumm abgestempelt zu werden. Erst so spürt man die Bestätigung, daß man etwas kann, eine Bestätigung, die nötig ist, um weiterhin
40 am Arbeiten und Lernen interessiert zu sein.
Um dieses Interesse zu behalten, ist es ebenso notwendig, die Erfolge sichtbar zu machen. Das gilt für die Ausbildung wie für die spätere Arbeit. Wer z. B. nie merkt, daß er etwas Neues kann, wem immer nur gesagt wird, er leiste viel weniger als eigentlich vorgesehen, muß dadurch auf die Dauer entmutigt werden. Werden
45 Erklärungen beispielsweise auf zu hohem Niveau gegeben, wird der Lehrling zunächst glauben, er sei zu dumm oder die Sache sei unheimlich kompliziert.

Erfolge in der Arbeit können erst verspürt werden, wenn man ein Ergebnis sehen kann, das eigenes fachliches Wissen und Können zeigt.

Selbständigkeit

Wer nur nach Vorschriften arbeiten kann oder darf, ist unmündig.[9] Aus dieser Empfindung heraus entsteht wohl auch der Wunsch nach Selbständigkeit. Wenn wir Spaß an der Arbeit haben, brauchen wir keinen Leistungsdruck und keine Leistungskontrollen.
Selbständig arbeiten muß natürlich erst gelernt werden. Das bedeutet: Wir müssen die Fähigkeit zum Lernen bzw. zum Problemlösen vermittelt bekommen. Das Fachwissen kann sich der Lehrling dann weitgehend selbst aneignen[10], was nicht heißen muß: allein! Er verfügt dann aber über die Fähigkeit zu entscheiden, wann er z. B. einen Ausbilder fragt, wann er seine Kenntnisse praktisch erprobt und wann es wichtig wird, sie zu überprüfen.

aus: *W. Brunkhorst u. a., Ernstfall Lehre, 3., aktualisierte und überarbeitete Auflage, Weinheim, (Beltz), 1977, S. 12–14*

Worterklärungen

[1]	r Rentner, -s, -	jmd. ist nicht mehr im Beruf, sondern lebt von seiner Altersversicherung
[2]	verkennen	nicht richtig erkennen
[3]	ausklammern	ausschließen, nicht berücksichtigen
[4]	versauern	mehr und mehr ohne Interesse sein, teilnahmslos werden
[5]	stur	unnachgiebig, unbeweglich an etwas festhaltend
[6]	unterfordern	zu wenig verlangen
[7]	e Zumutung, -en	eine unberechtigte Forderung
[8]	verkümmern	allmählich zugrunde gehen, verschwinden
[9]	unmündig	noch nicht selbst verantwortlich (wie ein Kind)
[10]	sich etw. aneignen	etw. erlernen

Erschließung des Inhalts

1. An welche Leser richtet sich dieser Text in erster Linie?
2. Geben Sie eine Zusammenfassung der wichtigsten Eigenschaften, die der Autor von einem Beruf fordert.

3. Untersuchen Sie das Argumentationsverfahren, das der Autor bei der Darstellung seiner Forderungen verwendet (1. These, 2. Erläuterung und Begründung, 3. Ergebnis), an zwei Beispielen.
4. Die Frage „Wollen wir diesen Teil ausklammern ..." (Z. 7) ist eine sog. rhetorische Frage, d. h. eine Frage, die nicht wirklich mehrere Möglichkeiten als Antwort zuläßt, sondern nur eine. Es ist also keine echte Frage! Welche Antwort erwartet der Autor?
5. Warum genügt es nicht, wenn man bei der Berufswahl nur auf die Höhe des Verdienstes achtet?
6. Warum sollte eine Arbeit nicht monoton sein?
7. Warum müssen wir über Sinn und Ziel unserer Arbeit Bescheid wissen?
8. Warum bietet das Fließband, nach Meinung des Autors, keine befriedigende Berufstätigkeit?
9. Stellen Sie selbst drei Fragen (wie Nr. 8) zum Inhalt des Textes.

Zur Diskussion gestellt

1. Gibt es – einerseits aus der Sicht von Arbeitnehmern, andererseits aus der Sicht von Arbeitgebern – Gründe, welche für die Beibehaltung des Fließbandes sprechen?
2. Sollte die Lehrlingsausbildung dem Staat oder der Privatwirtschaft übertragen werden?
3. Nehmen Sie Stellung zu der These „Wenn wir Spaß an der Arbeit haben, brauchen wir keine Leistungskontrollen". (Überlegen Sie: Sollen wir nur Arbeiten verrichten, die uns Spaß machen? Ist für jede gern getane Arbeit der Erfolg schon verbürgt? Ist jede Leistungskontrolle eine Unmündigkeitserklärung, oder kann sie nicht auch Ermunterung, Anerkennung bedeuten?)

Übung zur Festigung des Wortschatzes

Welches Wort (aus dem Text) ist jeweils mit den folgenden Erklärungen gemeint?

Beispiel: Gefühl, das durch Erfüllung meiner Wünsche entsteht
Lösung: e Befriedigung, -en (1. Großabschnitt)

1. Zeit am Abend nach der Arbeit (1. Großabschnitt)
2. aus dem Bewußtsein ausscheiden; unterdrücken (1. Großabschnitt)
3. dauernder Wechsel, der positiv eingeschätzt wird (2. Großabschnitt)
4. Aufwendung von Arbeitskraft (3. Großabschnitt)
5. Bedeutung einer einzelnen Sache innerhalb eines Ganzen (3. Großabschnitt)
6. zu wenig verlangen (4. Großabschnitt)
7. geistiger Rang, Schwierigkeitsgrad (4. Großabschnitt)
8. Zwang, mehr zu arbeiten (5. Großabschnitt)

Übung zum sprachlichen Ausdruck

Vervollständigen Sie die folgenden Sätze auf der Basis des Textes wie in folgendem Beispiel.

Beispiel: Das Geld, das wir durch unseren Beruf verdienen, ermöglicht es uns, so zu leben, wie ....

Lösung: .... wie es uns Spaß macht.

1. Man wird immer dann Spaß an der Arbeit finden, wenn ....
2. Den falschen Beruf hat derjenige gewählt, der bei der Arbeit dauernd auf die Uhr blickt, um zu sehen, wie lange ....
3. Sinnvolle Arbeit bedeutet, daß wir wissen wollen, wofür ....
4. Eintönige Arbeitsformen bewirken keine Befriedigung, da ....
5. Zu einer guten Lehrstätte gehören Ausbilder, die ein Lehrling etwas fragen kann, ohne ....
6. Erfolgserlebnisse stellen sich erst ein, wenn man ein Ergebnis sehen kann, das ....
7. Als unselbständig ist ein arbeitender Mensch anzusehen, der ....
8. Wer die Fähigkeit zum Problemlösen erworben hat, der vermag allein zu entscheiden, wann ....

Übung zur Idiomatik

Fügen Sie mit Hilfe des Textes zu den angegebenen Substantiven das passende Verb, und bilden Sie jeweils selbst ein drittes Beispiel mit diesen Substantiv–Verb–Verbindungen.

1. eine Forderung ....
   a) Die Forderung nach Spaß an der Arbeit .... gleichberechtigt neben der nach ausreichendem Verdienst.
   b) Die Forderung nach Gerechtigkeit .... höher als die nach Gewinn.
2. etwas .... mir Spaß – ich .... Spaß an
   a) Ich möchte so leben, wie es mir Spaß .... – Ich .... Spaß an meiner Lebensweise.
   b) .... dir die Arbeit für die Schule Spaß? – .... du Spaß an der Arbeit?
3. sein Leben ....
   a) Den größten Teil unseres Lebens .... wir bei der Arbeit.
   b) Er kann stolz darauf sein, wie er sein Leben ....
4. jemanden vor eine Aufgabe ....
   a) Die Berufsarbeit .... immer wieder vor andere Aufgaben.
   b) Nie zuvor im Leben bin ich vor eine so schwere Aufgabe ....

5. Bescheid ....
   a) Wir müssen über den Sinn unserer Arbeit Bescheid ....
   b) Hätten Sie in jedem Fall darüber Bescheid ....?
6. zur Entfaltung ....
   a) Wenn ein Lehrling richtig gefordert wird, ... seine Fähigkeiten am besten zur Entfaltung.
   b) In diesem Betrieb konnte seine Begabung nicht zur Entfaltung ....
7. eine Arbeit ....
   a) Um eine Arbeit .... zu können, braucht man die nötigen Hilfsmittel.
   b) Wer eine übernommene Arbeit gut .... hat, kann mit sich zufrieden sein.
8. eine Erklärung ....
   a) Der Meister .... den Lehrlingen keine Erklärung über den Zweck ihrer Arbeit.
   b) Die Arbeit hätte ihnen mehr Spaß gemacht, wenn man ihnen eine ausreichende Erklärung ....

8 Erst einmal arbeiten

Aller Anfang ist schwer, sagt mein Meister oft, wenn ich mich beschwere, daß ich hier nicht genügend ausgebildet werde, sondern ausfegen[1] muß, Bier kaufen gehe und andere bekloppte[2], ausbildungsfremde Arbeiten mache. Wenn ich dann schon mal eine Arbeit kriege, von der ich etwas lernen kann, dann mache ich sie auch so
5 lange, daß sie nichts mehr mit Ausbildung zu tun hat. Es wird reine Routinearbeit. Der Meister ist auch zugleich der Miteigentümer dieser Firma und hat natürlich gut lachen, denn meine Arbeit bringt ihm viel Geld ein. Denn wenn ich nicht da wäre, dann müßte er doch noch einen Gesellen[3] einstellen, und der kostet bestimmt viel mehr Geld. Der denkt natürlich erst mal an das Geschäftsinteresse, ich
10 aber an meine Ausbildung, das ist doch der Unterschied. Ich bin jetzt schon annähernd zwei Jahre in dieser Firma, und meistens sind das nur so Hilfsarbeiten, die man macht. Der Meister meint immer, daß wir hier doch eine große Familie im Betrieb sind, ist ja auch toll, aber bei den Gewinnen hört denn das Familienbewußtsein auf.
15 Meine Eltern dachten am Anfang auch wie der Meister, und ich habe viel gejammert, bis sie sich jetzt entschlossen haben, einen Beschwerdebrief an den Lehrlingswart[4] der Innung[5] zu schicken. Also viel konnten meine Eltern mir nicht

helfen, die wußten ja noch nicht mal, wie man so einen Brief aufsetzt, aber ich kenne einen Gesellen aus einer anderen Firma, der den für uns aufgesetzt hat. Was daraus wird, weiß ich natürlich nicht; Hauptsache, es passiert schnell was mit meiner Ausbildung. Denn so kann das nicht weitergehen.

Die Leute in der Firma wundern sich, wenn man das Interesse an der Arbeit so langsam verliert, aber die dürfen sich doch nicht wundern. Mir macht der Beruf des Tischlers bestimmt viel Spaß, aber die versauen[6] einem doch alles. Wenn ich noch mal die Wahl hätte, würde ich bestimmt in einen viel größeren Betrieb gehen, wo die Ausbildungschancen besser sind. Bei uns gibt es noch nicht einmal eine Lehrecke. Große Betriebe haben aber meistens sogar eine Lehrwerkstatt, und da kann man dann auch viel besser lernen.

Unser Meister ist jetzt fünfundfünfzig Jahre alt. Er erzählt oft, wie schwer er es einmal hatte. Aber ich denke doch, daß sich die Zeiten geändert haben, und da muß er sich doch auch etwas ändern, damit wir es heute leichter haben, das habe ich ihm auch schon mal gesagt. Aber da ist er irgendwie nicht ansprechbar und meint, das ist alles Quatsch. Auf Gewerkschaften ist er besonders scharf: „Die richten uns noch mal zugrunde", stöhnt[7] er, wenn man mal darüber spricht. Er läßt mich sowieso nicht zu Wort kommen, er erzählt nur so, was ihm eben in den Kram[8] paßt, sonst nichts. Sein Lieblingsthema sind natürlich die Rocker, da kommt er so richtig in Fahrt. Wenn ich denn auch mal widerspreche, dann motzt er mich auch gleich an[9] und meint, daß ich meine Rockermanieren[10] man besser zu Hause lasse. Ich bin sicher, daß er noch nie einen Rocker gesehen hat und sich immer nur anmachen[11] läßt von den Zeitungen. Das ist überhaupt solche Sache mit den Zeitungen. Wenn Jugendliche mal was ausgefressen[12] haben, dann gibt er natürlich gleich seinen Senf dazu: „Viel härter durchgreifen, Arbeitslager, nicht viel Federlesen machen[13]", das sind dann auch gleich seine Sprüche. So langsam lerne ich jetzt auch seine Macken[14] kennen und denk mir meinen Teil. Hat ja doch keinen Zweck, sich mit dem zu unterhalten!

aus: *R. Schoop, Was soll man machen, rotfuchs 110, Rowohlt Verlag, Reinbek bei Hamburg 1976*

Worterklärungen

[1]	(aus)fegen	den Boden mit einem Besen säubern
[2]	bekloppt	*(ugs.)* dumm, unsinnig
[3]	r Geselle, -n, -n	Handwerker, der den ersten Teil seiner Ausbildung mit einer Prüfung abgeschlossen hat
[4]	r Lehrlingswart, -es, -e	Person, die für die Lehrlinge mehrerer Betriebe sorgt
[5]	e Innung, -en	Interessenverband von Angehörigen desselben Handwerks

6	versauen	*(ugs.)* jmdm. die Freude an etwas verderben
7	stöhnen	sich beklagen über eine schwere Last
8	es paßt mir in den Kram	*(ugs.)* es paßt in meine Pläne, es gefällt mir
9	anmotzen	*(ugs.)* schimpfen, tadeln
10	e Rockermanieren (pl.)	schlechtes Benehmen von Jugendlichen, die (in Lederjacken und auf Motorrädern) die Leute belästigen
11	anmachen	*(ugs.) hier:* negativ beeinflussen
12	ausfressen	*(ugs.)* etwas Unrechtes tun
13	nicht viel Federlesen machen	ohne viel Mühe fertig werden
14	e Macke, -n	*(ugs.)* Eigenart

Erschließung des Inhalts

1. Wer spricht hier? Inwiefern erkennt man das auch an seiner Sprache? Geben Sie die entsprechenden Textbeispiele an.
2. Zu wem spricht er vermutlich?
3. Was ist der Zweck seiner Worte?
4. Der Bericht des Lehrlings handelt mehrere Aspekte ab. Unterstreichen Sie die Schlüsselwörter bzw. Schlüsselphrasen, durch welche die Hauptgedanken sichtbar werden.
   Beispiele aus dem 1. Abschnitt: bekloppte, ausbildungsfremde Arbeiten (Z. 3), Routinearbeit (Z. 5), bringt ihm viel Geld ein (Z. 7), Geschäftsinteresse (Z. 9), meine Ausbildung (Z. 10).
5. Der Junge behandelt nicht Punkt für Punkt systematisch. Ordnen Sie die von Ihnen im Text unterstrichenen Schlüsselbegriffe unter den zwei Hauptthemen I. Klagen über den Meister II. Alternativen
   Beispiele zu Hauptthema I:
   a) Der Lehrling hat Hilfsarbeiten, d. h. für seine Ausbildung unnötige Arbeiten, zu machen; b) Routinearbeit, c) Der Chef will an seiner billigen Arbeitskraft verdienen.
6. Entwerfen Sie den Beschwerdebrief des Lehrlings an die Innung.

Zur Diskussion gestellt

1. Welche Argumente könnte der Meister vorbringen, um seine Haltung zu rechtfertigen?
2. Wie ist handwerkliche Berufsausbildung in Ihrem Land geregelt? Was ist gut, was sollte geändert werden?
3. Was halten Sie von der Forderung: Jeder Gymnasiast sollte eine Lehre absolvieren?

Übung zur Erweiterung des Wortschatzes

Setzen Sie jeweils eines der folgenden Verben an der richtigen Stelle ein. Manche Verben sind mehrmals (entsprechend der Zahl in Klammern), und zwar jeweils in einer anderen Bedeutung, zu verwenden.

aufsetzen (4), ausfegen (1), beschweren (2), durchgreifen (1), einstellen (4), entschließen (1), passieren (2), weitergehen (3), widersprechen (2)

1. Die Polizei hat gegen die Randalierer rücksichtslos ....
2. Der Abgeordnete .... dem Minister heftig.
3. In der Debatte zeigte sich, daß die Forderungen der Opposition noch .... als die der Koalitionsparteien.
4. .... mal diesen Hut ...., damit ich sehe, ob er dir paßt.
5. Diese Entwicklung .... den bisherigen Erfahrungen.
6. Der Polizist forderte die Passanten auf ...., damit die Unfallaufnahme nicht behindert würde.
7. Diesen Brief muß ich erst ...., dann tippe ich ihn mit der Maschine.
8. So kann es nicht ...., sonst wirst du das Klassenziel nicht erreichen!
9. Unsere Firma will zwei Sekretärinnen neu ....
10. Der Kranke .... sich im Bett ....
11. Karl will sich über die schlechte Ausbildung bei der Innung ....
12. Der erfahrene Pilot hat das Flugzeug sanft auf der Landebahn ....
13. Ich muß nur noch das Zimmer ...., dann ist alles sauber.
14. Beim Start des Flugzeugs wurden die Passagiere gebeten, das Rauchen ....
15. Hast du dich nun ...., ob du mitgehen willst oder nicht?
16. Wann ist denn diese Panne ....?
17. Wir sind nicht darauf ...., so viele Gäste zu bewirten.
18. Du mußt die Blätter mit einem Stein ...., damit sie nicht davonfliegen.
19. Kannst du diesen Sender nicht genauer ....?
20. Diese Warensendung hat den Zoll anstandslos ....

Übung zum sprachlichen Ausdruck

1. Ersetzen Sie die schräg gedruckten Stellen durch Ausdrücke aus dem Text.

1. *Eine ungewohnte Arbeit stellt erhöhte Anforderungen.* (Z. 1)
2. Der Meister *kann zufrieden sein*, denn *durch meine Tätigkeit verdient er* viel Geld. (Z. 7)

3. Das ist ja *großartig.* (Z. 13)
4. Karl *machte* seine Arbeit *immer weniger Spaß.* (Z. 22–23)
5. Der Meister *verdarb ihm jede Freude* an der Arbeit. (Z. 24)
6. In diesem Punkt *läßt* er nicht *mit sich reden.* (Z. 32)
7. *Gegenüber* den Gewerkschaften ist er besonders *feindlich eingestellt.* (Z. 33)
8. Der Meister spricht nur von dem, was *ihn interessiert.* (Z. 35–36)
9. Bei diesem Thema *ereifert er sich besonders.* (Z. 37)
10. Er meint, ich solle *mich nicht benehmen wie diese Jugendlichen, die in Lederjacken auf ihren Motorrädern herumfahren und die Leute belästigen.* (Z. 38)

2. Bilden Sie eigene Sätze mit folgenden Formulierungen aus dem Text:

1. etwas einbringen (Z. 7), 2. an etwas denken (Z. 9), 3. aufhören bei etwas (Z. 13), 4. das Interesse an etwas verlieren (Z. 22), 5. scharf auf etwas sein (Z. 33), 6. seinen Senf dazu geben (Z. 41), 7. nicht viel Federlesen machen mit jemandem (Z. 43)

9 Tageslauf eines praktischen Arztes[1]

3 Uhr nachts läutet das Telefon. Dr. Möller nimmt den Hörer ab: Schwerer Unfall auf der Bundesstraße 404. Eine Viertelstunde später ist er an der Unfallstelle. Seine Hilfe ist dringend nötig. Er versorgt die Schwerverletzten so gut, wie er es kann. Ein Krankenwagen bringt sie ins nächste Krankenhaus.

Es ist 6.00 Uhr, als er wieder zu Hause ankommt. Noch 1 Stunde Zeit bis zum Aufstehen. Lohnt es sich, soll er sich noch einmal hinlegen? Müde, wie er ist, schläft er gleich ein.

Um 7.00 Uhr klingelt der Wecker. In einer Stunde beginnt seine Sprechstunde. Er hat es nicht weit bis zu seiner Praxis. Sie ist unten in seinem Haus.

Als er noch am Frühstückstisch sitzt, hört er, wie die Sprechstundenhilfe die ersten Patienten hereinläßt.

Das Wartezimmer ist bereits voller Leute, als er die Sprechstunde beginnt. Wenn das so weitergeht, wird er kaum noch am Vormittag Hausbesuche machen können. Und die Liste, die ihm seine Sprechstundenhilfe reicht, ist lang: 8 Namen stehen schon drauf, 8 Hausbesuche. Und wie viele Anrufe werden noch kommen? Eigentlich wollte er heute mal wieder kurz ins Schwimmbad gehen. Ob was draus wird? Die Sprechstunde heute ist eine wie viele andere: Eine größere Wunde[2] muß neu verbunden werden, Medikamente gegen Kopfschmerzen und starke Ohrenschmerzen müssen verschrieben werden, fünfmal ist der Blutdruck zu messen, dreimal eine Überweisung an einen Facharzt zu schreiben, 6 Bestrahlungen[3], 8 telefonische Anrufe.

War das alles? Nicht ganz. Viel Zeit hat er auch gebraucht, sich all die Klagen anzuhören über Probleme in der Ehe, über Schwierigkeiten mit den Kindern, über den Ärger im Beruf. Und er läßt sich Zeit, in Ruhe zuzuhören, hier und dort einen Rat zu geben; denn er weiß, auch das brauchen die Menschen: jemanden, bei dem sie sich aussprechen können.

Es ist 13.30 Uhr, als er den letzten Patienten verabschiedet. Die Zahl der Kranken, bei denen er einen Hausbesuch machen muß, hat sich auf 11 erhöht. Da wird er auch heute nicht zum Schwimmen gehen können. Schnell ißt er zu Mittag, und dann sind die Krankenbesuche dran. Um 18 Uhr soll er wieder zurück sein, denn dann beginnt die Sprechstunde für die Berufstätigen, die morgens nicht kommen konnten. Die meisten seiner Hauspatienten kann er schnell erreichen: Sie wohnen auch in O., doch 2 leben auf dem Lande. Dort gibt's keinen Arzt. Mit seinem Mercedes braucht er fast eine halbe Stunde, um hinzukommen.

Als um halb acht Uhr sein letzter Patient die Sprechstunde verläßt, ist sein Arbeitstag noch nicht zu Ende. Nach dem Abendessen hat er noch Rechnungen zu schreiben. Im Gegensatz zu vielen anderen Ärzten macht er es – gemeinsam mit seiner Frau – noch selbst.

Die Krankenkassen verlangen eine genaue Abrechnung, und viel Geld bekommt er nicht von ihnen. Doch er hat auch Privatpatienten. Ihnen kann er höhere Rechnungen schreiben.

Sicher, er hat viel zu tun, doch er verdient auch gut. Und er legt sein Geld gut an. Noch heute abend wird er mit seinem Freund, einem Architekten, gemeinsam überlegen, ob er ein Mietshaus[4] oder Aktien[5] kaufen soll. Er muß ja auch an seinen Lebensabend denken; denn eine Rente oder Pension bekommt er nicht. Gerade heute erhielt er von einem jüngeren Kollegen die Antwort, daß er bereit sei, die Urlaubsvertretung im Juli zu übernehmen. So kann er unbesorgt für 4 Wochen nach Südafrika fliegen.

Um 11 Uhr nachts klingelt wieder das Telefon. Eine aufgeregte Frau meldet sich, ihr Mann habe eine schwere Herzattacke.[6] Die interessante Fernsehdiskussion wird sich seine Frau allein zu Ende ansehen müssen. Zum Glück hat ab morgen sein Kollege Nachtdienst; dann wird er wieder eine Woche ungestört schlafen können.

aus: *Deutsch als Fremdsprache 3, hrsg. v. der Zentralstelle für das Auslandsschulwesen, Köln 1975*

Worterklärungen

[1] praktischer Arzt   Arzt für Allgemeinmedizin
[2] e Wunde, -n   Verletzung, die durch die Haut geht
[3] e Bestrahlung, -en   Behandlung mit Strahlen, z. B. mit Radium

⁴ s Mietshaus, ¨er   größeres Gebäude, in dem Wohnungen vermietet werden
⁵ e Aktie, -n   ein Wertpapier
⁶ e Herzattacke, -n   plötzliche Erkrankung des Herzens

Erschließung des Inhalts

Ordnen Sie die rechts stehenden Antworten den links stehenden Fragen zu, und geben Sie die Textstellen an, auf die sie sich beziehen.

1. Warum ist Dr. Möller von 3–6 Uhr morgens nicht zu Hause?
2. Warum kann er in der kommenden Woche ungestört schlafen?
3. Warum macht er an diesem Vormittag keine Hausbesuche?
4. Welche Arbeit macht er am Abend nach der Sprechstunde?
5. Hilft Dr. Möller nur bei körperlichen Beschwerden?
6. Wann hat der Arzt Sprechstunden?
7. Wann macht er Hausbesuche?
8. Warum kann er heute nicht schwimmen gehen?
9. Wie ist der Verdienst von Dr. Möller?

a) Vormittags für die Allgemeinheit, abends für die Berufstätigen.
b) Er stellt die Rechnungen für seine Patienten aus.
c) Er muß bei einem Verkehrsunfall ärztliche Hilfe leisten.
d) Er muß zu viele Hausbesuche machen.
e) Er hat ein recht gutes Einkommen.
f) Weil er dann keinen Nachtdienst hat.
g) Manchmal kommt er am Vormittag noch dazu, heute aber erst am Nachmittag.
h) Er berät seine Patienten auch bei ihren Alltagsproblemen.
i) Weil viele Patienten zu seiner Sprechstunde gekommen sind.

Zur Diskussion gestellt

1. Der Arzt wird oft als selbstloser Helfer der Menschen angesehen. Wie schätzen Sie den Berufsstand der Ärzte ein?
2. Früher war der „Hausarzt" der typische Vertreter des Arztberufes, heute ziehen immer mehr Patienten einen Facharzt statt eines praktischen Arztes zu Rate. Was halten Sie von dieser Entwicklung?
3. Ärzte verdienen mehr als Sprechstundenhilfen. Ist das berechtigt?

Übung zur Erweiterung des Wortschatzes

Es geht um das Wortfeld „Heilkunde". Setzen Sie in die Lücken die treffenden Ausdrücke aus diesem Wortfeld ein und verwenden Sie dabei jeweils eines der folgenden Wörter in der richtigen Form.

Bestrahlung, Blutdruck, Hausbesuch, Krankenhaus, Krankenkasse, Krankenwagen, Medikament, Nachtdienst, Praxis, Privatpatient, Sprechstunde, Sprechstundenhilfe, überweisen, verschreiben, versorgen, Wartezimmer, Wunde.

1. An der Unfallstelle ……………… der Arzt die Verletzten.
2. Ein ……………… bringt die Schwerverletzten ins nächste ………………
3. Die ……………… von Dr. Möller finden vormittags statt.
4. Er empfängt seine Patienten in seiner ………………, die im Erdgeschoß seines Hauses liegt.
5. Frl. Gernot, seine ………………, öffnet die Tür zum ……………… und ruft den ersten Namen auf ihrer Liste auf.
6. Als erstes muß Dr. Möller eine ……………… verbinden.
7. Dann ……………… er ……………… gegen starke Schmerzen.
8. Bei einer älteren Dame mißt er den ………………
9. Einen schwierigen Fall ……………… er an einen Facharzt.
10. Zur Behandlung einer Hautkrankheit führt er eine ……………… durch.
11. Nachmittags steigt er in sein Auto und macht ………………
12. Die gesetzlichen ……………… verlangen eine genaue Abrechnung der ärztlichen Leistungen.
13. Von seinen ……………… bekommt Dr. Möller mehr Geld für eine Behandlung.
14. Wer nachts ärztliche Hilfe braucht, wendet sich an den Arzt, der ……………… hat.

Stilübung

Dieser Bericht über den Tageslauf eines praktischen Arztes verwendet häufig recht einfache Prädikate, bisweilen fehlen sie überhaupt. Ersetzen Sie solche Formulierungen durch andere Verben bzw. setzen Sie fehlende Verben ein.

Beispiel: Schwerer Unfall auf Bundesstraße 404
Lösung: Auf Bundesstraße 404 hat sich ein schwerer Unfall ereignet.

1. Kurz darauf *ist* Dr. Möller an der Unfallstelle.
2. Seine Hilfe *ist* dringend *nötig*.
3. Noch 1 Stunde Zeit bis zum Aufstehen.
4. Die Praxis *ist* unten in seinem Haus.
5. Die Sprechstunde heute *ist* eine wie viele andere.

6. Sechs Bestrahlungen, acht telefonische Anrufe.
7. Er *macht* das Schreiben von Rechnungen selbst.
8. Sein Kollege *hat* ab morgen Nachtdienst.

Übung zum Gebrauch der trennbaren und nicht trennbaren Verben

Setzen Sie das Verb in der richtigen Form und an der richtigen Stelle ein.
Beispiel: Dr. Möller/den Hörer: abnehmen
Lösung: Dr. Möller nimmt den Hörer ab.

1. Der Arzt/den Schwerverletzten/so gut wie möglich: versorgen
2. Um 6 Uhr/Dr. Möller/zu Hause: ankommen
3. Um 7 Uhr/er: aufstehen müssen
4. Trotzdem/er/noch einmal: sich hinlegen
5. Die Sprechstundenhilfe/die ersten Patienten: hereinlassen
6. *(Fragesatz:)* Der Andrang der Patienten: weitergehen
7. *(Fragesatz:)* Wieviele Patienten/heute/auf der Liste: draufstehen
8. Der Arzt/eine Wunde: verbinden müssen
9. Dr. Möller/einen Herzkranken/an einen Facharzt: überweisen
10. Der Arzt/die Klagen über familiäre Probleme: anhören

10 Eine Maschine

Eine Maschine, die wie eine Guillotine ist, schneidet von einer sich langsam fortbewegenden Gummimasse große Stücke ab und läßt sie auf ein Fließband fallen, das sich einen Stock tiefer fortbewegt und an welchem Hilfsarbeiterinnen sitzen, die die abgeschnittenen Stücke zu kontrollieren und schließlich in große Kartons zu verpacken haben. Die Maschine ist erst neun Wochen in Betrieb, und den Tag, an welchem sie der Fabrikleitung übergeben wurde, wird niemand, der bei dieser Feierlichkeit anwesend war, vergessen. Sie war auf einem eigens für sie konstruierten Eisenbahnwaggon in die Fabrik geschafft worden, und die Festredner betonten, daß diese Maschine eine der größten Errungenschaften der Technik darstelle. Sie wurde bei ihrem Eintreffen in der Fabrik von einer Musikkapelle begrüßt, und die Arbeiter und die Ingenieure empfingen sie mit abgenommenen Hüten. Ihre Montage[1] dauerte vierzehn Tage, und die Besitzer konnten sich von ihrer Arbeitsleistung und Zuverlässigkeit überzeugen. Sie muß nur regelmäßig, und zwar alle vierzehn Tage, mit besonderen Ölen geschmiert werden. Zu diesem Zweck muß eine Arbeiterin eine Stahlwendeltreppe[2] erklettern und das Öl durch ein Ventil langsam einfließen lassen. Der Arbeiterin wird alles bis ins kleinste erklärt. Trotzdem rutscht das Mädchen so unglücklich aus, daß es geköpft wird. Sein Kopf platzt wie die Gummistücke hinunter. Die Arbeiterinnen, die am Fließband sitzen, sind so entsetzt, daß keine von ihnen schreien kann. Sie behandeln den Mädchenkopf gewohnheitsmäßig wie die Gummistücke. Die letzte 20 nimmt den Kopf und verpackt ihn in einen Karton.

aus: *Thomas Bernhard, Ereignisse, LCB-Editionen, 12. Literarisches Colloquium, Berlin 1969*

Worterklärungen

Thomas Bernhard	österreichischer Erzähler (geb. 1931), publizierte 1970: Das Kalkwerk (Roman), erhielt den Büchnerpreis
[1] e Montage, -n	das Zusammensetzen und Aufbauen einer Maschine
[2] e Wendeltreppe, -n	ihre Stufen führen spiralenförmig nach oben

Fragen zur Interpretation

1. Ist dieser Text dramatisch, lyrisch, erzählend oder stellt er eine Mischform dar?
2. Das Leitmotiv dieses Textes ist die Maschine. Ist der Rhythmus des Textes dem gleichmäßigen Rhythmus einer Maschine mit regelmäßigen kurzen Pausen (wie beim Fallen des Messers) zu vergleichen? Lesen Sie den Text laut, zeichnen Sie dabei die Sprechpausen ein, und stellen Sie fest, ob dieser Vergleich richtig ist.
3. Der Vergleich „Maschine-Guillotine" gibt die Perspektive an, unter welcher der Autor die Maschine sieht. Welche Verben führen diesen Vergleich fort?
4. Welche Dimension hat die Maschine im Vergleich zu den Arbeiterinnen? Welche Rolle spielen die Arbeiterinnen, welche die Maschine?
5. Welches Ereignis bekommt durch die Darstellung mehr Bedeutung: das Eintreffen der Maschine oder der Unglücksfall? Was macht das deutlich?
6. Welche Wirkung hat die Maschine auf den Menschen?

Zur Diskussion gestellt

1. Wenn Fließbänder und Großmaschinen dem Menschen so feindlich sind, sollten wir dann nicht lieber auf sie verzichten?
2. Was halten Sie von dem fast surrealistisch schaurigen Schluß dieses Prosagedichts?

3. Warum ist nur von Hilfsarbeiterinnen (also Frauen am Fließband) und Ingenieuren (also Männer in leitender Stellung) die Rede? Was sagen Sie zu dieser Funktionsaufteilung?

Übung zur Festigung des Wortschatzes

Ersetzen Sie die schräg gedruckten Wörter durch Ausdrücke aus dem Text.
1. Die Schneidemaschine ähnelt einem *Fallbeil*.
2. Die Gummistücke fallen auf *ein sich langsam fortbewegendes Band, auf dem sie verarbeitet werden*.
3. Die Maschine *läuft* seit drei Wochen.
4. Der Transportwaggon war *speziell* für die Schneidemaschine hergestellt worden.
5. Diese Maschine ist eine besonders *fortschrittliche Leistung* der modernen Technik.
6. *Das Aufstellen und Inbetriebsetzen* der Maschine dauerte zwei Wochen.
7. Die Arbeiterin gießt das Öl durch *eine Verschlußvorrichtung, die das Auslaufen verhindert*, in die Maschine.

Übung zum sprachlichen Ausdruck

Ersetzen Sie die folgenden Nebensätze durch eine Partizipialkonstruktion.

Beispiel: eine Gummimasse, *die sich langsam fortbewegt*
Lösung: eine sich langsam fortbewegende Gummimasse

1. Die Frauen kontrollieren die Stücke, *die abgeschnitten sind*.
2. Die Gäste, *die bei der Einweihung anwesend sind*, erheben sich.
3. Die Maschine stand auf einem Waggon, *der eigens für sie konstruiert worden war*.
4. Die Ingenieure empfingen die Maschine, *indem sie ihre Hüte abnahmen*.
5. Die Maschine, *die mit besonderen Ölen geschmiert wurde*, arbeitete regelmäßig.
6. Das Öl, *das langsam einfloß*, verteilte sich auf die Zahnräder.
7. Die Arbeiterinnen, *die entsetzt sind*, wissen nicht, was sie tun sollen.

11 Wie in schlechten Romanen

Für den Abend hatten wir die Zumpens eingeladen, nette Leute, deren Bekanntschaft ich meinem Schwiegervater verdanke; seit unserer Hochzeit bemüht er sich, mich mit Leuten bekannt zu machen, die mir geschäftlich nützen können, und Zumpen kann mir nützen: er ist Chef einer Kommission, die Aufträge bei großen Siedlungen vergibt, und ich habe in ein Ausschachtungsunternehmen[1] eingeheiratet.
Ich war nervös an diesem Abend, aber meine Frau, Bertha, beruhigte mich. „Die Tatsache", sagte sie, „daß er überhaupt kommt, bedeutet schon etwas. Versuche nur, das Gespräch vorsichtig auf den Auftrag zu bringen. Du weißt, daß morgen der Zuschlag[2] erteilt wird".
Ich stand hinter der Haustürgardine und wartete auf Zumpen. Ich rauchte, zertrat die Zigarettenstummel und schob die Fußmatte darüber. Wenig später stellte ich mich hinter das Badezimmerfenster und dachte darüber nach, warum Zumpen die Einladung wohl angenommen hatte; es konnte ihm nicht viel daran liegen, mit uns zu Abend zu essen, und die Tatsache, daß der Zuschlag für die große Ausschreibung, an der ich mich beteiligt hatte, morgen erteilt werden sollte, hätte ihm die Sache so peinlich machen müssen, wie sie mir war.
Ich dachte auch an den Auftrag: Es war ein großer Auftrag, und ich würde 20 000 Mark daran verdienen, und ich wollte das Geld gerne haben.
Bertha hatte meinen Anzug ausgewählt: dunkler Rock, eine etwas hellere Hose und die Krawattenfarbe neutral. Solche Dinge hat sie zu Hause gelernt und im Pensionat bei den Nonnen. Auch, was man den Gästen anbietet, wann man den Kognak reicht, wann den Wermut, wie man den Nachtisch assortiert;[3] Es ist wohltuend, eine Frau zu haben, die solche Sachen genau weiß.
Aber auch Bertha war nervös: Als sie mir ihre Hände auf die Schultern legte, berührten sie meinen Hals, und ich spürte, daß die Daumen feucht und kalt waren. „Es wird schon gutgehen", sagte sie. „Du wirst den Auftrag bekommen."
„Mein Gott", sagte ich, „es geht für mich um 20 000 Mark, und du weißt, wie gut wir sie gebrauchen können."
„Man soll", sagte sie leise, „den Namen Gottes nie im Zusammenhang mit Geld nennen."
Ein dunkles Auto hielt vor unserem Haus, ein Fabrikat, das mir unbekannt war, aber italienisch aussah. „Langsam", flüsterte Bertha, „warte, bis sie geklingelt haben, laß sie zwei oder drei Sekunden stehen, dann geh langsam zur Tür und öffne!"
Ich sah die Zumpens die Treppe heraufkommen: er ist schlank und groß, hat ergraute Schläfen[4], einer von der Sorte, die man vor dreißig Jahren „Schwerenöter"[5] nannte; Frau Zumpen ist eine von den mageren dunklen Frauen, bei deren

Anblick ich immer an Zitronen denken muß. Ich sah Zumpens Gesicht an, daß es furchtbar langweilig für ihn war, mit uns zu essen.
Dann klingelte es, und ich wartete eine, wartete zwei Sekunden, ging langsam zur Tür und öffnete.
„Ach", sagte ich, „es ist wirklich nett, daß Sie zu uns gekommen sind."
Wir gingen mit den Kognakgläsern in der Hand durch unsere Wohnung, die Zumpens gern sehen wollten. Bertha blieb in der Küche, um aus einer Tube Mayonnaise auf die Appetithappen zu drücken; sie macht das nett: herzförmige Muster, Mäander[6], kleine Häuschen. Den Zumpens gefiel unsere Wohnung; sie lächelten sich an, als sie in meinem Arbeitszimmer den großen Schreibtisch sahen, auch mir kam er in diesem Augenblick ein wenig zu groß vor.
Zumpen lobte einen kleinen Rokokoschrank, den ich von Großmutter zur Hochzeit bekommen hatte, und eine Barockmadonna in unserem Schlafzimmer.
Als wir ins Eßzimmer zurückkamen, hatte Bertha serviert; auch das hatte sie nett gemacht, so schön und doch sehr natürlich, und es wurde ein gemütliches Essen. Wir sprachen über Filme und Bücher, über die letzten Wahlen, und Zumpen lobte die verschiedenen Käsesorten, und Frau Zumpen lobte den Kaffee und die Törtchen. Dann zeigten wir Zumpens die Fotos von unserer Hochzeitsreise: Bilder von der bretonischen Küste, spanische Esel und Straßenbilder aus Casablanca.
Wir tranken jetzt wieder Kognak, und als ich aufstehen und den Karton mit den Fotos aus unserer Verlobungszeit holen wollte, gab mir Bertha ein Zeichen, und ich holte den Karton nicht. Es wurde für zwei Minuten ganz still, weil wir keinen Gesprächsstoff mehr hatten, und wir dachten alle an den Auftrag; ich dachte an die 20 000 Mark, und es fiel mir ein, daß ich die Flasche Kognak von der Steuer abschreiben konnte. Zumpen blickte auf die Uhr, sagte: „Schade: es ist zehn; wir müssen weg. Es war ein so netter Abend." Und Frau Zumpen sagte: „Reizend war es, und ich hoffe, wir werden Sie einmal bei uns sehen."
„Gern würden wir kommen", sagte Bertha, und wir standen noch eine halbe Minute herum, dachten wieder alle an den Auftrag, und ich spürte, daß Zumpen darauf wartete, daß ich ihn beiseite nehmen und mit ihm darüber sprechen würde. Aber ich tat es nicht. Zumpen küßte Bertha die Hand, und ich ging voran, öffnete die Türen und hielt unten Frau Zumpen den Schlag[7] auf.
„Warum", sagte Bertha sanft, „hast du nicht mit ihm über den Auftrag gesprochen? Du weißt doch, daß morgen der Zuschlag erteilt wird."
„Mein Gott", sagte ich, „ich wußte nicht, wie ich die Rede darauf hätte bringen sollen."
„Bitte", sagte sie sanft, „du hättest ihn unter irgendeinem Vorwand in dein Arbeitszimmer bitten, dort mit ihm sprechen müssen. Du hast doch bemerkt, wie sehr er sich für Kunst interessiert. Du hättest sagen sollen: Ich habe da noch ein Brustkreuz aus dem 18. Jahrhundert, vielleicht würde es Sie interessieren, das zu sehen, und dann . . ."

Ich schwieg, und sie seufzte und band sich die Schürze um. Ich folgte ihr in die Küche; wir sortierten die restlichen Appetithappen in den Eisschrank, und ich kroch auf dem Boden herum, um den Verschluß für die Mayonnaisetube zu suchen. Ich brachte den Rest des Kognaks weg, zählte die Zigarren: Zumpen hatte nur eine geraucht; ich räumte die Aschenbecher leer, aß stehend noch ein Törtchen und sah nach, ob noch Kaffee in der Kanne war. Als ich in die Küche zurückkehrte, stand Bertha mit dem Autoschlüssel in der Hand da.
„Was ist denn los?" fragte ich.
„Natürlich müssen wir hin", sagte sie.
„Wohin?"
„Zu Zumpens", sagte sie, „was denkst du dir?"
„Es ist gleich halb elf."
„Und wenn es Mitternacht wäre", sagte Bertha, „soviel ich weiß, geht es um 20 000 Mark. Glaub nicht, daß die so zimperlich[8] sind."
Sie ging ins Badezimmer, um sich zurechtzumachen, und ich stand hinter ihr und blickte ihr zu, wie sie den Mund abwischte, die Linien neu zog, und zum ersten Male fiel mir auf, wie breit und einfältig dieser Mund ist. Als sie mir den Krawattenknoten festzog, hätte ich sie küssen können, wie ich es früher immer getan hatte, wenn sie mir die Krawatte band, aber ich küßte sie nicht.
In der Stadt waren die Cafés und die Restaurants hell erleuchtet. Leute saßen draußen auf den Terrassen, und in silbernen Eisbechern und Eiskübeln fing sich das Laternenlicht. Bertha blickte mich ermunternd an; aber sie blieb im Auto, als wir an Zumpens Haus hielten, und ich drückte sofort auf die Klingel und war erstaunt, wie schnell die Tür geöffnet wurde. Frau Zumpen schien nicht erstaunt, mich zu sehen; sie trug einen schwarzen Hausanzug mit losen, flatternden Hosenbeinen, mit gelben Blumen benäht, und mehr als je zuvor mußte ich an Zitronen denken.
„Entschuldigen Sie", sagte ich, „ich möchte Ihren Mann sprechen."
„Er ist noch ausgegangen", sagte sie, „er wird in einer halben Stunde zurück sein."
Im Flur sah ich viele Madonnen, gotische und barocke, auch Rokokomadonnen, wenn es die überhaupt gibt.
„Schön", sagte ich, „wenn Sie erlauben, komme ich in einer halben Stunde zurück."
Bertha hatte sich eine Abendzeitung gekauft: sie las darin, rauchte, und als ich mich neben sie setzte, sagte sie: „Ich glaube, du hättest auch mit ihr darüber sprechen können."
„Woher weißt du denn, daß er nicht da war?"
„Weil ich weiß, daß er im Gaffel-Klub sitzt und Schach spielt wie jeden Mittwochabend um diese Zeit."
„Das hättest du mir früher sagen können."

„Versteh mich doch!" sagte Bertha und faltete die Abendzeitung zusammen. „Ich möchte dir doch helfen, möchte, daß du es von dir aus lernst, solche Sachen zu erledigen. Wir hätten nur Vater anzurufen brauchen, und er hätte mit einem einzigen Telefongespräch die Sache für dich erledigt, aber ich will doch, daß du allein den Auftrag bekommst."

„Schön", sagte ich, „was machen wir also: Warten wir die halbe Stunde, oder gehen wir gleich 'rauf und reden mit ihr?"

„Am besten gehen wir gleich 'rauf", sagte Bertha.

Wir stiegen aus und fuhren zusammen im Aufzug nach oben.

„Das Leben", sagte Bertha, „besteht daraus, Kompromisse zu schließen und Konzessionen[9] zu machen."

Frau Zumpen war genauso wenig erstaunt wie eben, als ich allein gekommen war. Sie begrüßte uns, und wir gingen hinter ihr her in das Arbeitszimmer ihres Mannes. Frau Zumpen holte die Kognakflasche, schenkte ein, und bevor ich etwas von dem Auftrag hatte sagen können, schob sie mir einen gelben Schnellhefter zu: „Siedlung Tannenidyll" las ich und blickte erschrocken auf Frau Zumpen, auf Bertha, aber beide lächelten und Frau Zumpen sagte: „Öffnen Sie die Mappe!" und ich öffnete sie. Drinnen lag ein zweiter, rosenfarbener Schnellhefter, und ich las auf diesem „Siedlung Tannenidyll – Ausschachtungsarbeiten". Ich öffnete auch diesen Deckel, sah meinen Kostenanschlag als obersten liegen; oben an den Rand hatte jemand mit Rotstift geschrieben: „Billigstes Angebot".

Ich spürte, wie ich vor Freude rot wurde, spürte mein Herz schlagen und dachte an die 20 000 Mark.

„Mein Gott", sagte ich leise und klappte den Aktendeckel zu, und diesmal vergaß Bertha, mich zu ermahnen.

„Prost", sagte Frau Zumpen lächelnd, „trinken wir also!"

Wir tranken, und ich stand auf und sagte: „Es ist vielleicht plump[10], aber Sie verstehen vielleicht, daß ich jetzt nach Hause möchte."

„Ich verstehe Sie gut", sagte Frau Zumpen, „es ist nur noch eine Kleinigkeit zu erledigen." Sie nahm die Mappe, blätterte sie durch und sagte: „Ihr Kubikmeterpreis liegt dreißig Pfennig unter dem Preis des nächstbilligeren. Ich schlage vor, Sie setzen den Preis noch um fünfzehn Pfennig herauf: so bleiben Sie immer noch der Billigste und haben doch viertausendfünfhundert Mark mehr. Los, tun Sie's gleich!" Bertha nahm den Füllfederhalter aus ihrer Handtasche und hielt ihn mir hin, aber ich war zu aufgeregt, um zu schreiben; ich gab die Mappe Bertha und beobachtete sie, wie sie mit ruhiger Hand den Meterpreis umänderte, die Endsumme neu schrieb und die Mappe an Frau Zumpen zurückgab.

„Und nun", sagte Frau Zumpen, „nur noch eine Kleinigkeit. Nehmen Sie Ihr Scheckbuch und schreiben Sie einen Scheck über dreitausend Mark aus, es muß ein Barscheck sein und von Ihnen diskontiert[11]."

54

Sie hatte das zu mir gesagt, aber Bertha war es, die unser Scheckbuch aus ihrer Handtasche nahm und den Scheck ausschrieb.
„Er wird gar nicht gedeckt sein", sagte ich leise.
„Wenn der Zuschlag erteilt wird, gibt es einen Vorschuß, und dann wird er gedeckt sein", sagte Frau Zumpen.
Vielleicht habe ich das, als es geschah, gar nicht begriffen. Als wir im Aufzug hinunterfuhren, sagte Bertha, daß sie glücklich sei, aber ich schwieg.
Bertha wählte einen anderen Weg, wir fuhren durch stille Viertel, Licht sah ich in offenen Fenstern, Menschen auf Balkonen sitzen und Wein trinken; es war eine helle und warme Nacht.
„Der Scheck war für Zumpen?" fragte ich nur einmal leise, und Bertha antwortete ebenso leise: „Natürlich."
Ich blickte auf Berthas kleine bräunliche Hände, mit denen sie sicher und ruhig steuerte. Hände, dachte ich, die Schecks unterschreiben und auf Mayonnaisetuben drücken, und ich blickte höher – auf ihren Mund und spürte auch jetzt keine Lust, ihn zu küssen.
An diesem Abend half ich Bertha nicht, den Wagen in die Garage zu setzen, ich half ihr auch nicht beim Abwaschen. Ich nahm einen großen Kognak, ging in mein Arbeitszimmer hinauf und setzte mich an meinen Schreibtisch, der viel zu groß für mich war. Ich dachte über etwas nach, stand auf, ging ins Schlafzimmer und blickte auf die Barockmadonna, aber auch dort fiel mir das, worüber ich nachdachte, nicht ein.
Das Klingeln des Telefons unterbrach mein Nachdenken; ich nahm den Hörer auf und war nicht erstaunt, Zumpens Stimme zu hören.
„Ihrer Frau", sagte er, „ist ein kleiner Fehler unterlaufen. Sie hat den Meterpreis nicht um fünfzehn, sondern um fünfundzwanzig Pfennig erhöht."
Ich überlegte einen Augenblick und sagte dann: „Das ist kein Fehler, das ist mit meinem Einverständnis geschehen."
Er schwieg und sagte dann lachend: „Sie hatten also vorher die verschiedenen Möglichkeiten durchgesprochen?"
„Ja", sagte ich.
„Schön, dann schreiben Sie noch einen Scheck über tausend aus."
„Fünfhundert", sagte ich, und ich dachte: Es ist wie in schlechten Romanen – genauso ist es.
„Achthundert", sagte er, und ich sagte lachend: „Sechshundert", und ich wußte, obwohl ich keine Erfahrung hatte, daß er jetzt siebenhundertfünfzig sagen würde, und als er es wirklich sagte, sagte ich „ja" und hing ein.
Es war noch nicht Mitternacht, als ich die Treppe hinunterging und Zumpen den Scheck ans Auto brachte; er war allein und lachte, als ich ihm den zusammengefalteten Scheck hineinreichte. Als ich langsam ins Haus ging, war von Bertha noch nichts zu sehen; sie kam nicht, als ich ins Arbeitszimmer zurückging; sie kam nicht,

als ich noch einmal hinunterging, um mir noch ein Glas Milch aus dem Eisschrank zu holen, und ich wußte, was sie dachte; sie dachte: Er muß darüber kommen, und ich muß ihn allein lassen, er muß das begreifen. Aber ich begriff das nie, und es war auch unbegreiflich.

aus: *Heinrich Böll, Erzählungen 1950–1970,* (©) 1972 by Verlag Kiepenheuer & Witsch, Köln

Worterklärungen

Heinrich Böll	bekannter Erzähler der deutschen Nachkriegsliteratur (geb. 1917), Romane: Billiard um halb zehn, Gruppenbild mit Dame, Fürsorgliche Belagerung u. a.
[1] s Ausschachtungsunternehmen, -	eine Firma, welche die Löcher gräbt, in die die Fundamente von Häusern gesetzt werden
[2] r Zuschlag, -s, ⸗e	die Entscheidung, welche Firma eine bestimmte Arbeit ausführen darf
[3] assortieren	aus einzelnen Teilen zusammenstellen *(selten gebraucht)*
[4] e ergraute Schläfe, -n *(meist pl.)*	graue Haare an der Seite des Gesichtes (neben den Ohren)
[5] r Schwerenöter, -s, –	*(scherzhaft)* ein Mann, der oft Frauen den Hof macht, mit ihnen flirtet
[6] s Mäander-Muster, –	aus stark gewundenen Linien bestehende Verzierung, Ornament
[7] r Schlag, -s (o. pl.)	Autotüre *(selten gebraucht)*
[8] zimperlich	zu empfindlich, zu sensibel
[9] e Konzession, -en	Zugeständnis, Entgegenkommen
[10] plump	ungeschickt (im Umgang mit anderen), zu direkt
[11] diskontieren	als Geldempfänger unterschreiben *(selten gebraucht)*

Fragen zur Interpretation

1. Was erfahren wir über die persönlichen Lebensumstände des Ich-Erzählers?
2. Charakterisieren Sie Bertha und ihr Verhältnis zu ihrem Mann am Anfang der Geschichte.
3. Warum ist der Ich-Erzähler zu Beginn der Handlung nervös?

4. Wer sind Zumpens? Warum werden sie eingeladen?
5. Inwiefern schätzt der Bauunternehmer vor Beginn der Einladung sowohl die Nervosität seiner Frau als auch die Empfindungen von Herrn Zumpen falsch ein?
6. Warum sprach der junge Geschäftsmann in seinem Hause nicht mit Herrn Zumpen über den Auftrag zum Grundaushub bei dem Neubauprojekt?
7. Warum ist Frau Zumpen nicht erstaunt, als er so spät noch bei ihr erscheint?
8. Wenn Böll die Hausbesichtigung, das Essen, die Unterhaltung schildert, dann spüren wir deutlich seine Einstellung zu diesen Lebensformen heraus. Skizzieren Sie diese Einstellung, und analysieren Sie die Darstellungsmittel, durch die sie sichtbar wird.
9. Bertha rechtfertigt ihr Tun mit dem Satz: „Das Leben besteht daraus, Kompromisse zu schließen und Konzessionen zu machen." Was meint sie damit?
10. Durfte Frau Zumpen dem Ausschachtungsunternehmer die Schnellhefter zeigen?
11. Die Überschrift wird in Z.193 noch einmal wiederholt. Erklären Sie die Formulierung.
12. Die Korrumpierung (= Verführung zu ungesetzlichem Handeln) des jungen Geschäftsmannes vollzieht sich in mehreren Stufen. Beschreiben Sie diese.
13. „Als wir im Aufzug hinunterfuhren, sagte Bertha, daß sie glücklich sei, aber ich schwieg." (Z. 166). Warum war sie glücklich, und warum schwieg er?
14. Das Verhältnis des Erzählers zu Bertha ändert sich im Laufe der Erzählung: Analysieren Sie die entsprechenden Textstellen.
15. Deuten Sie den letzten Satz: Was begriff er nie?

Zur Diskussion gestellt

1. Wie beurteilen Sie das Verhalten des Ich-Erzählers?
2. Halten Sie es für richtig, wenn der Schwiegervater seinen Schwiegersohn mit Leuten bekannt macht, die ihm geschäftlich nützen können?
3. Was gefällt Ihnen (nicht) an der Art, wie diese Geschichte erzählt ist?

Übung zur Festigung des Wortschatzes

Stellen Sie fest, ob die jedem Wort beigefügte Erläuterung richtig oder falsch ist. Wenn sie falsch ist, geben Sie die richtige Erläuterung.

1. nervös (Z. 7)   – aufgeregt
2. Zuschlag (Z. 10)   – hartes Auftreffen mit der Hand
3. Gardine (Z. 11)   – Vorhang aus leichtem Stoff
4. zertreten (Z. 11)   – durch Darauftreten zerstören

5. Stummel (Z. 12)	– Haltegerät (für Zigaretten)
6. Ausschreibung (Z. 15)	– Reklame
7. Pensionat (Z. 22)	– Hotel
8. Nonne (Z. 22)	– Angehörige eines katholischen Klosters
9. Mayonnaise (Z. 46)	– kalte, dickliche Sauce aus Eigelb, Öl und Gewürzen
10. sanft (Z. 71)	– einsilbig, monoton
11. seufzen (Z. 80)	– mit tiefer Stimme reden
12. sich zurechtmachen (Z. 94)	– sich frisieren, schminken usw.
13. Kompromiß (Z. 130)	– einseitige Nachgiebigkeit
14. Schnellhefter (Z. 138)	– einfache Mappe, in der Blätter befestigt werden
15. Siedlung (Z. 139)	– Wohngebiet aus gleichartigen Häusern
16. Kostenanschlag (Z. 140)	– Rechnung
17. Barscheck (Z. 160)	– ein Scheck, der an den Vorleger bar ausbezahlt wird

Übung zum sprachlichen Ausdruck

In Bölls Erzählung werden mehrmals Vermutungen ausgesprochen.

Beispiel: a) Es ist *vielleicht* plump (Z. 147)
b) Ich dachte darüber nach, warum Zumpens die Einladung *wohl* angenommen hatten. (Z. 13)
c) Frau Zumpen *schien* nicht erstaunt, mich zu sehen. (Z. 103)

Geben Sie den folgenden Feststellungen die Form der Vermutung.

a) 1. Ich habe das gar nicht begriffen.
2. Du wirst den Auftrag bekommen.
3. Bertha glaubte, daß ihr Mann die Probe bestehen werde.
b) 1. Für Zumpen war es ziemlich langweilig, mit uns zu essen.
2. Ich fragte mich, ob der Scheck für Zumpen war.
3. Mein Mann wird in einer halben Stunde zurück sein.
c) 1. Frau Zumpen wußte, warum wir sie aufsuchten.
2. Bertha war glücklich über das Ergebnis ihres Besuches.
3. Der Erzähler hat nicht begriffen, warum Bertha sich so verhielt.

Entwurf einer Rede

Die vier handelnden Personen stehen vor Gericht. Entwerfen Sie eine mögliche Anklagerede des Staatsanwaltes. Untersuchen Sie u. a. folgende Fragen:

Durfte das junge Ehepaar die Zumpens einladen? Durften die Zumpens die Einladung annehmen? Durfte Frau Zumpen den Schnellhefter „Siedlung Tannenidyll" herzeigen? Durfte sie die Erhöhung des Preises empfehlen? Durfte der Preis erhöht werden? Durfte sie den Barscheck fordern? Durfte der Geschäftsmann zulassen, daß seine Frau den Scheck ausschrieb? Durfte die junge Frau den Scheck ausstellen? War die Sache mit dem Scheck über DM 750,- in Ordnung?

Formen des Zusammenlebens

12 Der soziologische Begriff von Ehe und Familie

Der Bestand der menschlichen Gesellschaft beruht auf der Paarung der Geschlechter. Erfolgt diese zwischen einem bestimmten Mann und einer bestimmten Frau in einer relativ dauerhaften Paargemeinschaft mit dem Vorsatz, die von der Frau geborenen Kinder als die eigenen zu legitimieren[1], dann kann von der
5 Existenz einer Ehe gesprochen werden. Sie wird in den meisten Gesellschaften als eine soziale Institution behandelt, d. h. auf der einen Seite ausdrücklich als irgendwo wertvoll anerkannt und geschützt, auf der anderen Seite in bestimmter Weise geregelt und oft auch mehr oder weniger nachdrücklich erzwungen. Ihre Besonderheit gegenüber unverbindlicheren Paarbeziehungen der Geschlechter wird

u. a. dadurch bezeichnet, daß die Eheschließung als ein mehr oder weniger öffentlicher Vorgang gilt und in den meisten Gesellschaften mit bestimmten Kulthandlungen[2] vollzogen wird.

Die Existenz des Ehepaares ist die notwendige, wenngleich nicht hinreichende Voraussetzung für die Existenz einer Familie. „Die Ehe ist eine unvollständige Familie."*) Vollständig wird sie erst durch Kinder, die die Ehepartner als eigene anerkennen und aufnehmen. In Übereinstimmung mit der neueren familien-soziologischen Terminologie definieren wir die Familie als eine Gruppe, in der ein Ehepaar mit seinen direkten Nachkommen, also den eigenen Kindern, zusammenlebt. In diesem analytischen Begriff erscheint Familie als sogenannte Kernfamilie.

Die Kernfamilie unterscheidet sich von anderen Gruppen erstens durch die besondere Art ihrer Mitglieder. Die sozialen Positionen in dem sozialen Gebilde der Familie heißen: Vater, Mutter, Sohn und Tochter. Diese Positionen weichen im Hinblick auf zwei Kriterien[3] grundlegend voneinander ab: Einmal nach dem Geschlecht (Vater, Sohn / Mutter, Tochter), zum anderen nach der Generation (Vater, Mutter / Sohn, Tochter). Geschlechts- und Generationsunterschiede sind in der Familie nicht nur immer vorhanden (das kann auch z. B. im Sportverein, in der Kirchengemeinde und in der Schule der Fall sein), sondern sie sind für die Familie konstitutiv.[4] Das Familiengeschehen besteht geradezu primär[5] in typischen Begegnungen von Geschlechtern und Generationen.

Ein für die Familie außerordentlich bedeutsamer Sachverhalt liegt darin, daß die beiden primären Elemente ihrer Grundpositionen, das Geschlecht und die Generation, biologisch begründet sind. Das Geschlecht der Ehepartner, die ausschließliche Gebärfähigkeit der Frau und die extreme Hilflosigkeit der kleinen Kinder sind „natürliche" Vorgegebenheiten des Lebens einer Familie. Nur wenige gesellschaftliche Gebilde werden im vergleichbaren Maße von biologischen Substrukturen[6] bestimmt. Das bedeutet allerdings keineswegs, daß die Familie als biologische Einrichtung hinreichend erklärt werden kann. Die Beziehungen der Geschlechter werden von der Moral der Gesellschaft reguliert, die Bedeutung der Mutterschaft erfährt die unterschiedlichsten kulturellen Bestimmungen, und die Elternabhängigkeit der Kinder wandelt sich mit der Entwicklung der Zivilisation.

Ein weiteres Merkmal, das mit der Definition der Familie festgesetzt ist, besteht in der Tatsache des Zusammenlebens. Im Unterschied zu Gruppen, deren Mitglieder nur gelegentlich zusammentreten (Kegelclub, Parlamentsfraktion etc.) und einseitig begrenzte Beziehungen (z. B. vorwiegend geschäftlicher, religiöser oder politischer Art) zueinander unterhalten, vollziehen sich in der Familie zwischen allen Mitgliedern ständig Begegnungen und Interaktionen[7], welche relativ viele Interessen- und Daseinsbereiche menschlichen Lebens umfassen.

Da geht es um Sparen, Konsumieren, Freizeitleben und Kindererziehung, Gattenliebe und Hausarbeit. Viele Themen werden im Kreis der Familie gestellt, besprochen und bearbeitet. Dabei ist wichtig, daß der sogenannte Haushalt ein räumliches Zentrum bietet, den „Drehpunkt" der Gruppe, auf den sich alle Familienangehörigen ständig beziehen. Im Unterschied zu einem Sprachgebrauch, der zur Familie alle näheren Verwandten zählt, gleich wo sie wohnen, rechnen wir zur Familie – zur Kernfamilie – nur diejenigen, die in einem Haushalt vereinigt sind. Die Familie ist eine „totale"[8] Gruppe.

---

*) vgl. R. König: Materialien zur Soziologie der Familie

aus: *Neidhart Friedhelm, Die Familie in Deutschland, Leske Verlag, Opladen*

Worterklärungen

[1]	legitimieren	*hier*: gesetzlich, vor der Öffentlichkeit anerkennen
[2]	e Kulthandlung, -en	religiöse, feierliche Handlung
[3]	s Kriterium, Kriterien	Kennzeichen, Maßstab
[4]	konstitutiv	grundlegend, das Wesen ausmachend *(selten gebraucht)*
[5]	primär	in erster Linie, hauptsächlich, wesentlich
[6]	e Substruktur, -en	untergeordnete Bauelemente *(selten gebraucht)*
[7]	e Interaktion, -en	Wechselbeziehung, Handlung zwischen zwei oder mehreren Personen *(selten gebraucht)*
[8]	total	alles umfassend *(hier: alle Lebensbereiche umfassend)*

Erschließung des Inhalts

1. Welche Bestandteile gehören vom Wesen her zu einer Ehe?
2. Was kommt dort noch hinzu, wo die Ehe als gesellschaftliche Einrichtung betrachtet wird?
3. Wann sprechen wir von einer „Familie" im Sinne der Kernfamilie?
4. Welche Generations- und Geschlechtsunterschiede gibt es in einer Familie? Nennen Sie die „biologischen Substrukturen" der Familie.
5. Welche anderen Elemente bestimmen das Familienleben?
6. Inwiefern ist die Familie eine „totale" Gruppe?

Zur Diskussion gestellt

1. Kann ein Ehepaar nur mit den eigenen Nachkommen eine Familie bilden?
2. Kernfamilie oder Großfamilie: was ist dem Menschen gemäßer?

3. Sollte die Familie nicht durch andre Formen menschlichen Zusammenlebens abgelöst werden?

Übung zur Festigung des Wortschatzes

Setzen Sie in die Lücken das passende Wort. Wählen Sie einen Ausdruck aus dem Text. Suchen Sie dann möglichst noch eine weitere richtige Lösung.

1. Die Paarung der Geschlechter zur Hervorbringung von Kindern ist die Voraussetzung für den Bestand der menschlichen .... (Z. 1)
2. Ehe nennt man die .... (Z. 3) Paargemeinschaft, die bei den meisten Völkern als soziale .... (Z. 6) anerkannt wird.
3. Sie wird meist mit feierlichen Zeremonien .... (Z. 12)
4. Ein Ehepaar allein ist noch keine .... (Z. 13) Voraussetzung für eine Familie.
5. In der wissenschaftlichen .... (Z. 17) wird die Familie als eine Gruppe .... (Z. 17), in der ein Ehepaar mit seinen Kindern zusammenlebt.
6. In ihren biologischen Grundelementen liegt ein für das Wesen der Familie bedeutender .... (Z. 30).
7. Allerdings kann die Familie als biologische Institution nicht .... erklärt werden. (Z. 37)
8. Ein weiteres .... (Z. 41), das für das Wesen der Familie wichtig ist, besteht in ihrer Einschätzung durch die Gesellschaft.
9. Welche Beziehungen .... (Z. 45) die Mitglieder der Familie zueinander?
10. Um welche Themen .... (Z. 48) bei den Besprechungen im Familienkreis?

Übung zur Bildung von Adjektiven

Ersetzen Sie die schräg gedruckten Ausdrücke jeweils durch ein Adjektiv bzw. Partizip.

Beispiel: Die Ehe ist eine *auf Dauer ausgerichtete* Gemeinschaft.
Lösung: Die Ehe ist eine dauerhafte Gemeinschaft.

1. Die Ehe wird *als Sache von Wert* anerkannt. (Z. 7)
2. Sie wird *mit Nachdruck* erzwungen. (Z. 8)
3. Daneben gibt es Paarbeziehungen, die (die Partner) *weniger* (aneinander) *binden*. (Z. 9)

4. *Reicht* das Vorhandensein eines Paares als Voraussetzung für eine Familie? (Z. 13)
5. Zunächst müssen wir eine Feststellung treffen, *die den Grund legt* (für unsere Diskussion). (Z. 23)
6. Die Ehe ist eine soziale Institution *von* (großer) *Bedeutung*. (Z. 30)
7. Nur wenige Institutionen sind mit ihr (an Bedeutung) *zu vergleichen*. (Z. 35)
8. Zwischen uns gab es die *größten* Meinungs*unterschiede*. (Z. 39)
9. Manche Gruppen treffen sich nur *bei Gelegenheit* (= ab und zu). (Z. 43)
10. Im Sommer *überwog* das sonnige Wetter. (Z. 44)

Übung zur Idiomatik des Verbs

Bilden Sie jeweils zwei Sätze mit den folgenden Verben. Achten Sie auf die Verwendung der richtigen Präposition.

Beispiel: beruhen a) geschäftlicher Erfolg, Verhandlungsgeschick
Lösung: Sein geschäftlicher Erfolg beruht auf seinem Verhandlungsgeschick.

1. behandeln
   a) Ehe, soziale Institution, fast überall
   b) Eltern, älteren Kindern, Partner
2. gelten
   a) Hochzeit, öffentliches Ereignis
   b) Max Born, bedeutender Physiker
3. sich unterscheiden
   a) Kernfamilie, Großfamilie, wodurch?
   b) unsere Kinder, kaum, einander
4. bestehen
   a) Wesen der Ehe, Dauerhaftigkeit
   b) typischen Merkmale einer Familie, worin?
5. es geht
   a) in diesem Roman, Probleme einer Ehe
   b) Kirchengemeinde, begrenzte Beziehungen
6. sich beziehen
   a) diese Bemerkung, unser gestriges Gespräch
   b) diese Anspielung in deinem Brief, worauf?

13 Kibbuzerziehung[1]

Um die rechte Eltern-Kind-Beziehung geht es seit Jahrzehnten in der israelischen Kibbuzbewegung. Man kann diese ländlichen Siedlungen auf genossenschaftlicher Grundlage wie eine einzige, wenn auch .... auf wahlverwandtschaftlicher Grundlage betrachten. Durch den Verzicht aller Kibbuzniks auf Privateigentum, durch wirtschaftliche Autarkie[2] und die völlige Vergesellschaftung[3] von

Produkten und Konsum mag der Kibbuz auch an ein mittelalterliches Kloster erinnern. Wenn man so will: an .... Nur daß im Kibbuz ein jedes Häuschen nicht von einem einzelnen Mönch, sondern .... von einer Familie als der kleinsten sozialen Einheit der Großkommune bewohnt wird – einer Familie allerdings, in der die Kinder fehlen, von einer kurz bemessenen Zeit des Tages abgesehen.

In den meisten Kibbuzim leben die Kinder nicht bei ihren Eltern. Sie sind vielmehr vom Zeitpunkt ihrer Entlassung aus der Entbindungsanstalt[4] an innerhalb von Gruppen gleichaltriger Kinder in den Erziehungsinstitutionen des Kollektivs[5] untergebracht, wo sie von pädagogisch ausgebildeten Kibbuz-Mitgliedern betreut werden. Nur für einige Stunden .... die ganze Familie täglich in der Wohnung der Eltern.

In der Kibbuzbewegung ist die Spannungseinheit von Familienerziehung und Altersgruppenerziehung im Kinderhaus seit langem durchexerziert worden. Doch .... bis zu dem heutigen Tag nicht gelungen zu sein, eine allseits befriedigende Balance herzustellen.

Dazu .... aus einem Gespräch des Autors mit Edna Brocke, einer israelischen Soziologin, die einen wesentlichen Einblick in die Kibbuzbewegung vermitteln:

E. Brocke: Das Schlagwort „die Kibbuzerziehung" ist etwas ...., schon allein aus der Tatsache heraus, daß es drei verschiedene Kibbuzströmungen politischer Art in Israel gibt neben der vierten Strömung der religiösen Kibbuzim. Diese Tatsache bedingt auch unterschiedliche Auffassungen von Erziehung und Familienleben. So finden wir in gewissen Kibbuzim, die der einen Strömung ...., heute starke Anzeichen, die Kinder aus den Kinderhäusern wieder viel mehr in die Familien zurückzubringen, während in den Kibbuzim der anderen Strömung noch weiterhin die Tendenz vorherrscht, die Kinder praktisch den ganzen Tag in den Kinderhäusern zu lassen.

Diese Drei- bzw. Vierteilung ist allerdings auch ein Versuch zu schematisieren, denn innerhalb dieser verschiedenen Kibbuzströmungen hat jeder Kibbuz die Freiheit, seine eigenen Vorstellungen zu .... und auch durchzuführen.

T. Sartory: Es gibt also da praktisch eine große Palette[6] der verschiedensten Möglichkeiten? Wenn Sie diese drei Strömungen charakterisieren wollten – wie würden Sie das .... die Kindererziehung tun?

E. B.: Nun, ich glaube, der Hauptstreitpunkt zwischen den „Ideologien", die diesen drei Strömungen zugrunde liegen, ist die Frage, ... das Kind von seiner Familie, der Kernfamilie – den Eltern und Geschwistern – getrennt bleiben soll, das heißt im Kinderhaus schlafen, lernen, spielen und mit seinen Kameraden zusammensein, oder ob es zu Hause schlafen soll bei seinen Eltern usw. Diese Frage ist die Kernfrage: wieweit die räumliche Trennung von Kind und

Kernfamilie weitergeführt werden soll, wie es zunächst in fast allen Kibbuzim üblich war. Vielleicht ein Beispiel aus Kibbuz Nachal-Oz, der früher ein Verfechter[7] dieser Trennung war: er ist heute ...., die neuen Häuser für die Mitglieder so zu bauen, daß es eigentlich Cottages sind, das heißt zweistöckige[8] Familienhäuser, wo Raum genug für die Kinder der Familie vorgeplant ist, damit sie aus den Kinderhäusern heraus und in die Familien-, Elternhäuser zurückkommen.

T. S.: Hat man da bestimmte Erfahrungen gemacht, schlechte Erfahrungen, daß man wieder zurückstrebt in die Familie hinein?

E. B.: Es sind unterschiedliche und vielschichtige Erfahrungen gemacht worden, die vor allem auch von der Person der Betreuerin in dem .... Kinderhaus abhängen und je nach Fähigkeiten und Möglichkeiten der Betreffenden stark differieren[9]. Dagegen machte man in dem bereits erwähnten Kibbuz Nachal-Oz die vielleicht mehr allgemeine Erfahrung, daß bei kleineren Kindern eine gesteigerte Häufigkeit von Bettnässen auftrat, weshalb man eben dort versuchte, die Kinder .... in die Elternhäuser zurückzuholen, zumindest für das Übernachten, womit in vielen Fällen das Problem beseitigt war. Man kam also zu dem Entschluß, das anfangs versuchte .... Schema zugunsten dieser Auflockerung aufzuheben.

T. S.: Was allerdings nicht ausschließt, daß die Kinder tagsüber dann doch in einem Kinderhaus wären, da ihre Eltern berufstätig sind?

E. B.: Ja natürlich – .... ist eben das Übernachten; eine weitere strittige[10] Frage allerdings sind die Mahlzeiten, die die Kinder bis zu einem gewissen Alter getrennt von den Erwachsenen in den Kinderhäusern und nicht im gemeinsamen Eßsaal einnehmen. Inzwischen fängt man in einigen Kibbuzim an, der gemeinsamen Mahlzeit eine größere Bedeutung beizumessen und die kleineren Mahlzeiten, das Frühstück z. B., in dem kleinen Haus, das heißt in der Kernfamilie mit den Eltern einnehmen zu lassen.

T. S.: Sie waren beim Militär und sind dort sicherlich mit Leuten zusammengewesen, die in einem Kibbuz aufgewachsen sind. Wie weit unterscheiden sich diese nun von den anderen, das heißt – können Sie etwas sagen über das „Produkt" aus dieser Erziehung?

E. B.: Nun, es ist schwer, aus einem so kleinen Erfahrungsbereich Verallgemeinerungen zu ziehen. Dennoch würde ich sagen, daß die Kibbuzerfahrung offenbar doch einen sichtbaren Einfluß auf die Entwicklung hat. Ich konnte feststellen, daß die Kibbuzmitglieder sich viel mehr auf ihre Umwelt einstellen, ... sind und sozialer denken und handeln.

aus: *Thomas Sartory, Zusammenleben lernen, Herderbücherei, Freiburg 1977*

Worterklärungen

[1]	r Kibbuz, -, im	Großkommune, Wohn- und Arbeitsgemeinschaft vieler Familien in Israel
	r Kibbuznik, -s, -s	Mitglied eines Kibbuz *(selten gebraucht)*
[2]	e Autarkie (o. pl)	Selbstversorgung, wirtschaftliche Unabhängigkeit
[3]	e Vergesellschaftung (o. pl)	etwas wird gemeinsames Eigentum
[4]	e Entbindungsanstalt, -en	Klinik, in der Kinder zur Welt gebracht werden
[5]	s Kollektiv, -e	durch gemeinsame, besonders durch berufliche Interessen und Aufgaben miteinander verbundene Gruppe
[6]	e Palette, -n	Scheibe, auf der ein Maler seine Farben mischt; Auswahl, Fülle
[7]	r Verfechter, -s, -	jemand, der für etwas eintritt, der es verteidigt
[8]	zweistöckig	aus 2 Stockwerken (Geschossen, Etagen) bestehend
[9]	differieren	voneinander abweichen, sich unterscheiden
[10]	strittig	noch nicht entschieden; über etwas gibt es unterschiedliche Meinungen

Übung zum Verständnis des Textes

Setzen Sie in die Lücken im Text auf S. 64 jeweils den passenden Ausdruck. Hier haben Sie immer drei Beispiele zur Auswahl.

Zeile 3:	1. riesige Großfamilie – 2. bedeutende Stadt – 3. winzige Gruppe
Zeile 7:	1. Davos – 2. ein Kartäuserkloster – 3. das alte Athen
Zeile 8:	1. ausnahmsweise – 2. vermutlich – 3. normalerweise
Zeile 16:	1. vereinigt sich – 2. feiert – 3. langweilt sich
Zeile 20:	1. pflegt es – 2. sollte es – 3. scheint es
Zeile 22:	1. Vorurteile – 2. Ausschnitte – 3. Fetzen
Zeile 25:	1. provozierend – 2. ironisch – 3. vereinfachend
Zeile 30:	1. angehören – 2. gehören – 3. zugewiesen wurden
Zeile 36:	1. verbergen – 2. entfalten – 3. unterdrücken
Zeile 40:	1. über – 2. auf Grund von – 3. in bezug auf
Zeile 42:	1. wieweit – 2. wie wohl – 3. wieso
Zeile 49:	1. so weit – 2. weit davon entfernt – 3. immer noch bereit
Zeile 57:	1. jeweiligen – 2. traditionellen – 3. derartigen
Zeile 62:	1. nicht mehr – 2. wieder mehr – 3. keinesfalls

Zeile 64: 1. elastische – 2. starre – 3. sozialistische
Zeile 68: 1. eine Nebenfrage – 2. ein überholtes Thema – 3. der Hauptpunkt
Zeile 82: 1. aggressiver – 2. konservativer – 3. hilfsbereiter

Erschließung des Inhalts

Wo finden sich Aussagen im Text über folgende Themen? Geben Sie die Textstelle mit Zeilenzahl an und unterstreichen Sie die Aussagen.
1. Definition eines Kibbuz
2. Vergleich eines Kibbuz mit einem Kartäuserkloster
3. Vorherrschende Lebensform der Kinder (Grundsätzliches)
4. Debatte zum Thema Kibbuzerziehung
5. Unterschiede in der Kibbuzerziehung (allgemein und mit Beispiel)
6. Motive für teilweise Rückholung der Kinder in die Familien
7. Charakterunterschiede der Kibbuzmitglieder von anderen jungen Israelis

Zur Diskussion gestellt

1. Die Kindererziehung im Kibbuz ist ein strittiges Thema. Was halten Sie von den beschriebenen Erziehungsformen?
2. Wie beurteilen Sie – abgesehen von der Frage der Kindererziehung – das Leben in einem Kibbuz? Käme für Sie selbst eine solche Lebensform in Betracht?
3. Nicht jeder möchte soviel von seiner Privatsphäre aufgeben wie die Kibbuzniks. Können Sie sich andere Wege vorstellen, um junge Menschen zu sozialem Denken und Handeln zu erziehen?

Übung zur Grammatik

Bilden Sie anstelle der schräg gedruckten Nominalphrasen Verbalkonstruktionen.
Beispiel: Von besonderem Interesse ist das *Eltern-Kind-Verhältnis.* (sich verhalten)
Lösung: Von besonderem Interesse ist, wie sich Eltern und Kinder zueinander verhalten.
  1. *Durch den Verzicht aller Kibbuzniks auf Privateigentum* erinnert der Kibbuz an ein Kloster. (verzichten)

2. *Vom Zeitpunkt ihrer Entlassung aus der Entbindungsanstalt an* sind die Kinder in Kinderhäusern untergebracht. (entlassen)
3. Die vier Kibbuzrichtungen unterscheiden sich durch *unterschiedliche Auffassungen der Kibbuzniks über das Familienleben.* (denken)
4. Jeder Kibbuz hat die Freiheit *zur Entfaltung seiner eigenen Vorstellungen.* (entfalten)
5. Am wichtigsten ist hierbei die Frage *der Trennung von Kind und Familie.* (trennen/wieweit)
6. Der Kibbuz Nachal-Oz *war* früher *ein Verfechter dieser Trennung.* (verfechten)
7. Bei kleineren Kindern *trat eine gesteigerte Häufigkeit von Bettnässen auf.* (naß machen)
8. Man *kam zu dem Entschluß,* das starre Schema *zugunsten einer Lockerung aufzugeben.* (sich entschließen, lockern)
9. Man darf *aus* einem so kleinen Erfahrungsbereich *keine Verallgemeinerungen ziehen.* (verallgemeinern)
10. Die Kibbuzerfahrung *hat einen sichtbaren Einfluß* auf die Entwicklung junger Leute. (beeinflussen)

14 Wer soll die Treppe putzen?

Es muß nicht immer die Ehe sein. Manche leben lieber in der Wohngemeinschaft: Jugendliche, die ständig[1] Streit[2] mit den Eltern hatten, Junggesellen,[3] die einsam waren, die Pech[4] in ihrer Ehe hatten, Mütter, die ihre Kinder lieber in einer Gruppe erziehen wollen, Frauen, die keine Hausfrauen sein wollen. Sie wollen – zu viert, zu sechst, zu acht – besser leben. Aber viele werden enttäuscht. Es ist schwierig, in einer Wohngemeinschaft zu leben. Der Kölner Soziologie-Professor Erwin Scheuch sagt: „Alltagsprobleme, die schon in einer Ehe keinen Spaß machen, sind bei sechs oder acht Personen noch schwerer zu lösen."
In einer Wohngemeinschaft in Stuttgart-Degerloch diskutierten drei Frauen und drei Männer Abend für Abend über die Frage: Wer soll die Treppe putzen? Nach einem halben Jahr hatten sie keine Lust mehr zum Reden; sie trennten sich.
Im Ederweg in Kassel standen volle Aschenbecher und schmutzige Gläser tagelang auf Regalen und Tischen. Keiner wollte den Mülleimer leeren. Fleißig waren Marina, Peter, Waltraud, Achim, Mathias und Dorothee nur beim Streiten. Meistens stritten sie um Geld. Nach vier Monaten kam der Möbelwagen.

Die Fälle sind typisch; Wohngemeinschaften scheitern[5] meistens an Kleinigkeiten. Aber es geht auch anders. „Wenn man älter ist, wird man auch in der Gruppe vernünftiger", sagt Birgit (24), Tochter eines Professors. Sie lebt in einer Wohngemeinschaft in der Burgstraße in Frankfurt. Freia, Fritz und Günter gehören zur Gruppe. Und Kavasch, der Hund mit dem ungarischen Namen, der hier die größte Freiheit genießt: Er wird von allen verwöhnt.

Seit etwa einem Jahr leben die jungen Leute in einer Dreizimmerwohnung zusammen. Sie haben in dieser Zeit am Abendgymnasium, also in ihrer Freizeit das Abitur gemacht. „Wir konnten das nur, weil die Gruppe da war", sagt Freia. Wer Geld verdient, gibt es der ganzen Gruppe. Einmal im Monat kaufen sie für 400 Mark im Supermarkt ein. Für Miete müssen sie etwa 400 Mark im Monat bezahlen. Am Monatsende hat die Gruppe dann kaum noch Geld. „Aber wir sind auch mit Spiegeleiern zufrieden", sagt Fritz, der Koch. In dieser Wohngemeinschaft müssen Frauen nicht kochen. „Das haben wir längst abgeschafft"[6], freut sich Fritz. Er ist begeisterter Hobby-Koch. In seiner Küche ist er Herr. Freia, Birgit und Günter müssen das Geschirr abwaschen, den Mülleimer leeren und – den Koch loben.

Die vier sind gute Freunde. Das war nicht immer so. Freia und Birgit lebten früher einmal zu zweit in einer Wohnung. „Schön war das nicht, es gab ständig Streit", sagt Freia. Auch jetzt, in der Gruppe, streiten sie sich manchmal. Aber es ist nicht mehr so schlimm. Es gibt dann ja immer noch die beiden Männer, die für Frieden sorgen können.

Tips für Gäste

Wohngemeinschaften haben besondere Regeln. Es ist nicht immer leicht, sich hier richtig zu benehmen. Hier einige – nicht immer ernstgemeinte – Tips:

Wer einer Wohngemeinschaft Blumen mitbringt, hat es schwer. Wem soll er die Blumen geben? Einem? Oder allen?

Zigaretten sind meistens beliebter als Blumen. Ein Päckchen aber ist hier sehr schnell leer, und wenn die Leute in der Wohngemeinschaft nichts mehr zu rauchen haben, werden sie mürrisch.

Vertreter für Staubsauger müssen damit rechnen, daß Kavasch, der Hund, besonders zornig bellt. Er mag keine Staubsauger. Vielleicht gelingt es dem tapferen Mann, einen Staubsauger für sechs oder acht Leute zu verkaufen. Meistens aber hat er Pech. Wohngemeinschaften kaufen keine Staubsauger. Sie greifen lieber zur Bürste. Sie ist billiger und schont die Nerven des Hundes.

Wer Wohngemeinschaften am Monatsende besucht, darf nicht mit Koteletts rechnen. Fritz, der Koch, macht aus drei Eiern ein Essen für acht Personen. Es gibt Rührei.

Günter war sechs Jahre lang verheiratet. Es war keine glückliche Ehe. In der Gruppe ist er zufriedener. Birgit: „Die Leute gehen sich hier weniger auf die Nerven, weil keiner den anderen besitzen will. Der oder das gehört mir – das gibt's hier nicht."
Hausbesitzer haben oft kein Verständnis für Wohngemeinschaften. Deshalb steht manchmal nur ein Name an der Wohnungstür. Die anderen nennt man „Freunde, die zu Besuch gekommen sind". In der Gruppe in der Burgstraße hat man diese Tricks[7] nicht nötig: Der Hausbesitzer weiß Bescheid.[8] Aber die Nachbarn sind nicht immer freundlich. Birgit: „Manche glauben, wir feiern hier Orgien." Die Wirklichkeit ist anders: Die Paare in den Wohngemeinschaften halten viel von Treue.
Das Gruppenleben kann auch zur Last werden. Birgit: „Im letzten Jahr waren wir vier Wochen zusammen im Urlaub. Es war eine Katastrophe. Weil ich damals keinen Führerschein und kein Auto hatte, mußte ich immer tun, was die anderen wollten." Zu Hause ist es besser. Jeder hat sein eigenes Zimmer, Birgit hat „irgendwo in der Stadt" ein möbliertes Zimmer gemietet. Hier erholt sie sich manchmal vom Lärm der Gruppe.
Meistens aber ist ihr die Gruppe noch nicht laut genug: „Eine Wohngemeinschaft sollte größer sein." Birgits Traum: Zehn Leute in einem Haus mit zwölf Zimmern.

aus: *Scala-Jugendmagazin, Nr. 4/1976*

Worterklärungen

[1] ständig — immer
[2] r Streit, -s, -igkeiten — Konflikt, Auseinandersetzung
[3] r Junggeselle, -n, -n — unverheirateter Mann
[4] Pech haben — kein Glück haben; Mißgeschick erleiden
[5] scheitern — mißlingen, keinen Erfolg haben
[6] abschaffen — beseitigen; etwas nicht mehr machen
[7] r Tricks, -s, -s — geschicktes Handeln, mit dem man jmd. täuscht
[8] Bescheid wissen — genau informiert sein, erwas gut kennen
[9] mürrisch — unfreundlich, unwillig
[10] r Staubsauger — elektrisches Gerät zur Reinigung der Wohnung

Erschließung des Inhalts

I. Vervollständigen Sie die folgenden Sätze im Sinne des Textes.

1. Manche Menschen wollen nicht in einer Kleinfamilie, sondern in einer Wohngemeinschaft leben. Zu ihnen gehören ....

2. Obwohl alle in dieser Lebensform glücklicher zu sein hoffen, werden doch ....
3. Die Hauptschwierigkeit sind Alltagsprobleme, die im Zusammenleben von ....
4. Da sich die Mitglieder einer Kasseler Wohngemeinschaft nicht einigen konnten, wer die Wohnung sauber halten sollte, ...
5. Wohngemeinschaften scheitern meistens an Kleinigkeiten. Diese Probleme lassen sich dann leichter lösen, wenn ....
6. Die jungen Leute in der Frankfurter Wohngemeinschaft konnten das Abitur im Abendgymnasium nur machen, weil ....
7. Bei ihnen müssen die Frauen nicht kochen, denn Fritz ....
8. Auch wenn Freia und Birgit mal Streit haben, ist das nicht so schlimm, weil ....
9. Daß es in dieser Wohngemeinschaft weniger Reibereien gibt als in einer Ehe, begründet Birgit damit, daß ....
10. Wenn ein Hausbesitzer Wohngemeinschaften nicht mag, dann steht ....
11. Während viele glauben, die Mitglieder dieser Gemeinschaften würden unmoralisch leben, ist es in Wahrheit so, daß sie ....
12. Wenn die Gruppe, wie im Urlaub, zu eng beisammen lebt, kann ....

II. Beantworten Sie die folgenden Fragen zum Inhalt.
   1. Welche Vorteile einer Wohngemeinschaft werden in dem Text genannt?
   2. Welche Probleme einer Wohngemeinschaft werden genannt?

Zur Diskussion gestellt
1. Wie erklären Sie sich das Entstehen von Wohngemeinschaften?
2. Gibt es in Ihrem Heimatland ähnliche Formen des Zusammenlebens? Wenn ja, aus welchen Gründen? Wenn nein, warum nicht?
3. Möchten Sie in eine Wohngemeinschaft ziehen?

Übung zur Festigung und Erweiterung des Wortschatzes

In folgendem sind verschiedene Worte aus dem Text aufgeführt (in der Form des Substantivs oder Adjektivs oder Verbs). Ergänzen Sie jeweils die Reihe durch die beiden fehlenden Wortarten aus derselben Wortfamilie.

	Substantiv	Adjektiv	Verb
Beispiel:	der Streit	?	?
Lösung:	der Streit	strittig	streiten

	Substantiv	Adjektiv	Verb
1.			leben
2.		schwierig/schwer	
3.	die Frage		
4.		schmutzig	
5.			leeren
6.		alt	
7.	die Freiheit		
8.			genießen
9.	die Wohnung		
10.			kaufen
11.		zufrieden	
12.			sich freuen
13.			loben
14.	der Freund		
15.		glücklich	
16.	das Verständnis		
17.		nötig	
18.	die Treue		
19.	die Last		

Übung zum Gebrauch des Verbs

Ergänzen Sie die fehlenden Verbformen.

1. Frauen, die ihre Kinder in einer Gruppe erziehen ...., leben lieber in einer Wohngemeinschaft oder Kommune als in einer Familie.
2. Viele werden vom Leben in einer Wohngemeinschaft ...., denn im Rahmen einer Gruppe sind die Alltagsprobleme noch schwieriger ....
3. Es ...., lange Diskussionen geführt über die Frage: Wer .... die Treppe putzen.
4. Die Mitglieder einer solchen Gemeinschaft in Stuttgart .... bald keine Lust mehr, miteinander zu leben.
5. Daß es auch anders ...., ... sich am Beispiel einer Gruppe in der Frankfurter Burgstraße gezeigt.
6. Sie .... das Abitur am Abendgymnasium machen, weil die Mitglieder einander ....
7. Da sie für Miete 400 Mark bezahlen ...., ... sie am Monatsende oft kaum noch Geld.
8. Dann .... sie auch mit Spiegeleiern zufrieden.

9. Da Fritz ein begeisterter Hobby-Koch ...., ... die Frauen hier nicht das Essen machen.
10. Vorteil der Gruppe .... die größere Freiheit der einzelnen, da keiner den andern besitzen ....

Übung zur Idiomatik

Bilden Sie Sätze mit den folgenden idiomatischen Wendungen.
Beispiel: Pech haben (manche Junggesellen, Ehe)
Lösung: Manche Junggesellen hatten Pech in der Ehe.

1. lieber wollen
   a) manche Mütter, Kinder, Gruppe, erziehen
   b) manche Jugendliche, Wohngemeinschaft, leben
2. Spaß machen
   a) Leben in der Kleinfamilie, nicht, alle jungen Leute
   b) manche enttäuschte Ehemänner, Leben in einer Kommune
3. Probleme lösen
   a) helfen, dein, Freund!
   b) wer, mir, helfen?
4. keine Lust haben
   a) Stuttgarter Kommunarden, zum Reden
   b) abends, Mitglieder der Gruppe, Alltagsprobleme, diskutieren
5. Freiheit genießen
   a) Hund, mehr, als die übrigen Bewohner der Burgstraße
   b) junge Leute, in einer Wohngemeinschaft
6. zufrieden sein mit
   a) Monatsende, junge Leute, auch, Spiegeleier
   b) in den Bergen, Wanderer, auch, einfache Unterkunft
7. auf die Nerven gehen
   a) Hans, alle Klassenkameraden, mürrisches Wesen
   b) Die Launen seiner Frau, Herr Müller, immer mehr
8. zur Last werden
   a) das Gruppenleben, junge Leute
   b) die kranke Tante, Familie Graber, immer mehr

15 Die Liegewiese[1] des Herrn Claudius

Matthias Claudius, auch der „Wandsbecker Bote" genannt, deutscher Dichter, wurde 1740 geboren und starb 1815. Er ist demnach kein Zeitgenosse, und niemand kann daher sagen, Matthias Claudius wolle in unsere heutige Gesellschaftsordnung hineinreden. Dieser Dichter also schrieb folgendes in seinem „Wandsbecker Boten":

„Ein jeder Mensch hat das Recht, wenn er allein auf einem Rasen liegt, die Beine auszustrecken und hinzulegen, wo und so breit er will. Will er aber, damit ihn bei Nacht der Wolf nicht störe oder um anderer Vorteile willen, als Bürger, das ist in Gesellschaft, liegen, so hat er nach wie vor das Recht, die Beine auszustrecken und hinzulegen, wo und so breit er will. Aber die anderen haben das Recht auch! Und weil nun auf dem Rasen für alle Beine nicht Platz ist, so muß er sich zu einer anderen Lage bequemen. Und das Geheimnis und die Güte der Ordnung dieser Gesellschaft besteht darin: daß für alle Beine gesorgt werde und einige nicht zu eng und krumm und andere zu weit und gerade liegen."

Diese Worte sind zwar sehr alt, doch die von ihnen ausgedrückte Weisheit gilt heute noch genauso wie früher.

Weil wir nicht allein auf der Welt sind, können wir nicht so frei leben, wie wir wollen. Solange Robinson auf seiner Insel allein hauste[2], blieb es ihm überlassen, wie er seinen Tageslauf und seine Arbeit einrichtete. Sobald aber Freitag zu ihm auf die Insel kam, waren die Bedürfnisse und Wünsche von zwei Menschen zu berücksichtigen. Sie mußten sich einigen, wenn Zusammenarbeit zum gemeinsamen Leben und Überleben ermöglicht werden sollte.

Wir leben nicht wie Robinson und Freitag allein auf weltfernen Inseln, sondern mitten in einer großen menschlichen Gesellschaft. Die Wünsche und Bedürfnisse, die Freiheiten und Rechte vieler Menschen müssen hier aufeinander abgestimmt werden, wenn jeder einen möglichst großen Teil seiner Freiheiten bewahren, seiner Rechte genießen, seiner Wünsche erfüllen und seiner Bedürfnisse befriedigen will. Anstelle der Liegewiese, von der Matthias Claudius sprach, müssen wir das Leben in unserer heutigen Gesellschaft allerdings mit dem Betrieb auf dem Sandstrand eines Modebades an hochsommerlichen Tagen vergleichen.

Da ist das Gewimmel[3] der Beine, die Platz suchen, so groß, daß eine Ordnung geschaffen werden muß. Das haben Menschen auch immer eingesehen, und sie haben deshalb Einrichtungen geschaffen, die den auf einem bestimmten Gebiet zusammenlebenden Menschen diese Ordnung sichern sollten. Diese Einrichtungen nennen wir Staaten.

„Staat" ist also einmal die Bezeichnung für einen bestimmten Raum und die Menschen, die in ihm leben. Zum anderen aber bezeichnet das Wort Staat auch Regierung und Verwaltung, die für Ordnung in diesem Gebiet sorgen sollen.

Eine solche Ordnungsaufgabe wäre leicht zu erfüllen, wenn alle Staatsbürger nicht nur einsichtig[4] wären und sich willig der nötigen Ordnung zum Wohle aller beugten, sondern wenn darüber hinaus auch noch alle Staatsbürger dieselben Ordnungen für begrüßenswert hielten. Das ist aber nicht der Fall, und die Ursache dafür liegt nicht nur darin, daß Millionen von Menschen nicht alle gleich vernünftig sind. Die Hauptschwierigkeit liegt vielmehr darin, daß die Interessen dieser vielen Menschen sehr oft gegensätzlich[5] sind.

Der leidenschaftliche[6] Bücherwurm wird größten Wert darauf legen, daß es in seiner Gemeinde eine möglichst gute Bücherei gibt. Der einstige Sportler wird sagen, die Hauptsache sei zunächst einmal ein Sportstadion, dann ein Schwimmbad, dann ... Der Bauer wird den Feldwegebau für vordringlich[7] halten, der Hotelbesitzer ist mehr an möglichst weitläufigen und schonen Parkanlagen interessiert. Der Fabrikbesitzer möchte das Geschehen in seiner Firma alleine lenken, die Arbeiter möchten gerne dabei mitbestimmen.

Je nach beruflicher Stellung, persönlicher Neigung, politischer Überzeugung, Alter, Geschlecht und manchen anderen Unterschieden unterscheidet sich das, was die einzelnen Staatsbürger für besonders wichtig halten.

Da es nun aber unmöglich ist, es allen Menschen zugleich recht zu machen, muß der Staat die Möglichkeit haben, unter Beachtung der Grundrechte[8] aller Bürger Entscheidungen zu treffen. Und es muß ihm auch möglich sein, die nach Abwägung[9] gegensätzlicher Interessen getroffenen Entscheidungen gegen den Willen von Andersdenkenden durchzusetzen.

Dazu braucht er Macht. Ohne sie könnte er seine Aufgaben nicht erfüllen. Macht und Demokratie schließen also einander nicht etwa aus; vielmehr ist auch ein demokratischer Staat nicht ohne Macht denkbar. Wichtig ist nur, daß die staatliche Macht nicht unumschränkt[10] ist. Sie muß kontrolliert, ihr Mißbrauch muß verhindert werden. Diese Aufgabe ist der Wachsamkeit[11] des Staatsbürgers gestellt.

aus: *Hans Georg Noack, Extremisten, Schlafmützen, Demokraten, Signal-Verlag Hans Frevert, Baden-Baden 1969*

Worterklärungen

Matthias Claudius   bekannt als liebenswürdiger Dichter, der als Herausgeber einer Lokalzeitung („Wandsbecker Bote") seiner bäuerlichen Leserschaft lehrreiche Erzählungen und Gedichte vorlegte

[1] e Liegewiese, -n	eine Grasfläche, auf der Leute gerne liegen
[2] hausen	in einfachsten Verhältnissen wohnen
[3] s Gewimmel (o. pl.)	ein Durcheinander von zahlreichen Personen (oder Tieren)
[4] einsichtig	vernünftig, verständnisvoll
[5] gegensätzlich	ganz verschieden (das eine ist das Gegenteil vom anderen)
[6] leidenschaftlich	begeistert, fanatisch
[7] vordringlich	sehr wichtig, besonders dringend
[8] s Grundrecht, -e	elementares Recht, das jeder Mensch von Geburt an besitzt
[9] e Abwägung, -en	Vergleich und genaue Prüfung
[10] unumschränkt	ohne Grenze, ohne Behinderung
[11] e Wachsamkeit (o. pl.)	scharfe Beobachtung, große Aufmerksamkeit

Erschließung des Inhalts

1. An wen richtet sich dieser Text?
2. In welcher Richtung will der Autor den Leser beeinflussen?
3. Welche Argumentationsschritte verwendet er dafür? Geben Sie einen Überblick.
   (Dabei können Ihnen die folgenden Fragen helfen: Warum zitiert er Matthias Claudius? Warum spricht er von Robinson? Warum bringt er die Auswahl von Interessengegensätzen?)
4. Läßt er auch andere Meinungen zu Wort kommen?
5. Warum muß heute statt einer Liegewiese ein belebter Badestrand als Vergleich für das Zusammenleben in der Gesellschaft gewählt werden?
6. Welche Begründung nennt H. G. Noack für die Existenz von Staaten?
7. Wie erklärt er den Begriff „Staat"?
8. Warum ist es für die Staatsgewalt schwierig, ihre Ordnungsaufgabe zu erfüllen?
9. Welche Rechte spricht der Autor dem Staat zu?
10. Was sagt er zum Thema Demokratie und Staatsgewalt?

Zur Diskussion gestellt

1. In einer Wohngemeinschaft gibt es keine „Regierung". Wäre die Ordnungsform einer solchen Gruppe nicht ein besseres Modell für die Gesellschaft?
2. Noack stellt den Ausgleich zwischen den Interessen seiner Bürger als Hauptaufgabe des Staates hin. Sehen Sie noch weitere wichtige Aufgabenbereiche?

3. Nehmen Sie zu folgender These Noacks Stellung: „Der Staat muß die Möglichkeit haben, seine Entscheidung gegen den Willen von Andersdenkenden durchzusetzen."
4. Wie kann der Staatsbürger die Staatsmacht kontrollieren?

Übung zum Detailverständnis des Textes

Welcher Satz in der rechten Spalte entspricht in seiner Bedeutung jeweils einem Satz in der linken Spalte? (1 Satz ist ohne Entsprechung)

1. Will er aber, damit ihn bei Nacht der Wolf nicht störe oder um anderer Vorteile willen, als Bürger, das ist in Gesellschaft liegen . . .
2. Er muß sich zu einer anderen Lage bequemen.
3. Die Güte der Ordnung für die Gesellschaft besteht darin, daß für alle Beine gesorgt werde.
4. Die Menschen haben Einrichtungen geschaffen, die dem auf einem bestimmten Gebiet zusammenlebenden Menschen eine Ordnung sichern sollten.
5. Wenn sie sich doch alle willig den nötigen Ordnungen zum Wohle aller beugten!
6. Der Staat muß die nach Abwägung gegensätzlicher Interessen getroffenen Entscheidungen gegen den Willen von Andersdenkenden durchsetzen.

a) Wer nachts Wölfe jagen will, für den ist es ein Vorteil, wenn er die Gesellschaft anderer Bürger sucht.
b) Es wurden Institutionen geschaffen, die für die Einhaltung allgemeiner Regeln durch die Bewohner eines Landes sorgten.
c) Wenn er aber mit anderen zusammen liegen will, weil er sich allein vor dem Wolf fürchtet oder weil es ihm sonstwie nützt . . .
d) Er muß seine Beine anders hinlegen.
e) Es wäre schön, wenn jeder Bewohner eines Staates die Regeln beachten würde, die dem allgemeinen Nutzen dienen sollen.
f) Die Regierung hat die Aufgabe, zwischen den verschiedenen Wünschen der Bürger eine gerechte Entscheidung zu treffen, und diese dann in die Tat umzusetzen, auch wenn es manchen Leuten nicht paßt.
g) Ob diese Gesellschaft gut geordnet ist, sieht man daran, ob alle Beine genug Platz finden.

Übung zum Gebrauch der Modalverben

Ersetzen Sie die schräg gedruckten Ausdrücke durch ein Modalverb (dürfen, können, mögen, müssen, sollen, wollen).

Muster: Niemand *hat die Möglichkeit* zu sagen, Matthias Claudius *habe die Absicht*, sich in unsere Gesellschaftsordnung einzumischen.
Lösung: Niemand kann sagen, Matthias Claudius wolle sich in unsere Gesellschaftsordnung einmischen.

1. Wer allein auf einer Wiese liegt, *hat das Recht,* die Beine auszustrecken, wie *es ihm gefällt.*
2. *Hat er aber die Absicht,* sich mit anderen zusammen hinzulegen, dann *kommt* er *nicht darum herum,* auf sie Rücksicht zu nehmen.
3. Weil wir nicht allein hier leben, *haben* wir nicht *die Möglichkeit,* ganz frei zu leben, wie *es uns paßt.*
4. Als Freitag auf die Insel gekommen war, *war es* Robinson *nicht mehr erlaubt* zu tun, was *ihm beliebte.*
5. Die Gesetze des Staates sagen uns, was *unsere Pflichten sind* und was *uns verboten ist.*
6. Daneben gibt es gesellschaftliche Sitten; auch diese vermitteln uns, was *von uns erwartet wird,* z. B. die Eßgewohnheiten.
7. Natürlich *brauchen* wir nicht mit Messer und Gabel zu essen, aber die meisten Menschen in unserer Gesellschaft tun es.
8. Es wurden staatliche Einrichtungen geschaffen, welche *die Aufgabe hatten,* die Ordnung zu garantieren.
9. Die Arbeiter *hätten* gerne mehr Lohn.
10. Leider *ist es unmöglich,* es allen Menschen recht zu machen.

Übung zur Formulierung von Bedingungen

In dem hier behandelten Text werden öfter Bedingungen oder Voraussetzungen genannt, die mit bestimmten Folgen oder Sachverhalten verbunden werden. Fügen Sie dementsprechend die folgenden Satzpaare syntaktisch so zusammen, daß Voraussetzung und Folge sachgerecht ausgedrückt werden.

Bedingungen können ausgedrückt werden durch: wenn, sofern, falls, sobald, solange (bei zeitlichen Zusammenhängen).

Beispiel: Ein Mensch liegt alleine auf einer Wiese. Er darf seine Beine beliebig ausstrecken.
Lösung: Wenn ein Mensch alleine auf einer Wiese liegt, darf er seine Beine beliebig ausstrecken.

1. Robinson hauste allein auf seiner Insel. Er konnte tun, was er wollte.
2. Freitag kam zu ihm, beide mußten aufeinander Rücksicht nehmen.

3. Es gab keine Verkehrsregeln. Jeder konnte sich nach Belieben fortbewegen.
4. Ein Gesetz gilt für alle Bürger. Es steht im Gesetzblatt der Regierung.
5. In der Gesellschaft muß ein Interessenausgleich gefunden werden. Jeder will möglichst viel persönliche Freiheit bewahren.
6. Das Gewimmel der Beine wird zu groß. Eine Ordnung muß geschaffen werden.
7. Eine Ordnung im Staat wäre leicht zu schaffen. Alle Bürger wären vernünftig.
8. Der Staat hat kontrollierte Macht. Nur so kann er seine Aufgaben erfüllen.

16 Verheißung[1]

Nicht mehr lange, und das Schweigen zwischen uns
wird nicht mehr sein
nur die Stille noch um den, der sie sich wünscht
und der Sturm und die Datenverarbeitung[2]
5 und der Fluglärm
werden dem Wunsch gehorchen.

Nicht mehr lange, und es wird keine Starre[3]
in unseren Gesichtern mehr sein
allein noch heiteres Leben wird sein
10 von Gesicht zu Gesicht
und Vertrauen und Gleichmut und Zärtlichkeit.[4]

Nicht mehr lange, und der Haß[5] wird aus aller Augen
verschwunden sein für immer
Zuneigung[6] wird in den Blicken derer stehen
15 die sich anschauen,
auch wenn sie einander Fragen stellen
brüderlich, schwesterlich.

Nicht mehr lange, und die verkrüppelten[7] Schultern
werden sich überall aufrichten
20 alle werden wir aufrecht gehen
und wenn wir Lust dazu haben
werden wir in den Straßen und auf den Treppen
und in den Höfen auch der Fabriken tanzen

zögernd noch, skeptisch und ungelenk[8] aber tanzen
auch in den Häusern der Vorsitzenden[9]
wenn es uns grad so paßt.

Nicht mehr lange, sofern wir es wollen
wir alle gemeinsam, und die Produktion
wird sein, was uns gehört und uns Spaß macht
und Spaß wird Produktion sein des besseren Lebens
und die Lichter des Abendhimmels werden
Feste beleuchten und unsere zärtlichen Spiele.

Nicht mehr lange, und die Schüchterne
wird auf den, den sie mag, zugehen
und ihn fragen, ob sie ihn umarmen darf
und auch der Schüchterne wird seiner eigenen Stimme
vertrauen und zu den Mädchen sagen
am Morgen: Wie schön ihr heut wieder seid.

Nicht mehr lange, und von der Lüge
werden wir reden zusammen wie von der Steinzeit
wie vom Dynosaurier und wie vom Krieg
der Bürokratie und ähnlichen Sagen aus Jahrtausenden
da wir noch von Selbstsucht bestimmt waren
noch nicht von der Gewißheit unserer selbst
unserer Selbstachtung[10]
und der Würde eines und einer jeden.

Nur eine kleine Weile noch, und wir werden
alle Häuser innen und außen
mit den Liebesfarben Rot, Grün, Blau bemalen
denn nicht mehr lange, und wir werden
wir selber sein können, jeder und jede
und zusammen werden Wir sein, frei assoziiert[11]
und jede Herrschaft, jeder Staat und jeder Drahtzaun
wird abgestorben sein, gebrochen und zerrissen
von der solidarischen[12] und einzigen Gewalt
unserer Befreiung
zu einem Geschlecht aus Menschen.

aus: *Otto F. Walter, Die Verwilderung, Rowohlt Verlag, Reinbek bei Hamburg 1977*

Worterklärungen

O. F. Walter	geb. 1928 in der Schweiz, Verleger, Dramatiker und Romancier
[1] e Verheißung, -en	ein feierliches Versprechen, daß etwas Gutes geschehen wird
[2] e Datenverarbeitung, -en	die Bearbeitung von Daten (z. B. Angaben zu einer Person) durch einen Computer
[3] e Starre (o. pl.)	Unbeweglichkeit
[4] e Zärtlichkeit, -en	liebevolles Verhalten
[5] r Haß, Hasses (o. pl.)	sehr feindliches Gefühl
[6] e Zuneigung (o. pl.)	Sympathie, liebevolles Gefühl
[7] verkrüppelt	schief, krumm gewachsen
[8] ungelenk	schwerfällig, steif, ungeschickt
[9] r Vorsitzende, -n, -n	Präsident (einer Partei, einer Aktiengesellschaft)
[10] e Selbstachtung (o. pl.)	Bewußtsein des eigenen Wertes
[11] sich assoziieren	sich zusammenschließen
[12] solidarisch	sich gegenseitig helfend

Was ist gemeint?

Entscheiden Sie, welcher der rechten Sätze in seiner Aussage dem jeweils links stehenden Textausschnitt gleicht.

1. Die Datenverarbeitung und der Fluglärm werden dem Wunsch gehorchen.

   a) Wir werden nicht mehr der Technik (Datenverarbeitung, Fluglärm) ausgeliefert sein, sondern wir werden über sie bestimmen.
   b) Computer und Flugzeuge werden nach ihren eigenen Wünschen tätig werden.

2. Allein noch heiteres Leben wird sein von Gesicht zu Gesicht.

   a) Jeder wird für sich fröhlich sein.
   b) Einer wird sich dem anderen fröhlich zuwenden.
   c) Jeder wird seinem Nachkommen Fröhlichkeit vererben.

3. Die verkrüppelten Schultern werden sich aufrichten.

   a) Alle, die von Geburt buckelig sind, werden geheilt werden.
   b) Die bisher von den Mächtigen Unterdrückten werden sich frei und selbstsicher bewegen können.
   c) Die Regierenden werden freundlich sein zu den einfachen Menschen.

4. Wir werden tanzen auch in den Häusern der Vorsitzenden, wenn es uns grad so paßt.

   a) Wir werden auch von den Mächtigen in ihre Häuser eingeladen werden.
   b) Falls es als passend angesehen wird, dann werden wir im Haus des Präsidenten einen Ball veranstalten.
   c) Wir werden uns auch gegenüber denen, die an der Spitze stehen, ungezwungen verhalten.

5. Und die Produktion wird sein, was uns gehört und uns Spaß macht, und Spaß wird Produktion sein des besseren Lebens.

   a) Wir werden produzieren, denn wir wollen mehr verdienen, mehr Freude haben und eine bessere Zukunft bauen.
   b) Wir werden nur noch Sachen herstellen, die uns Freude machen und die wir besitzen, und aus dieser Freude wird eine schönere Zukunft entstehen.

6. Nicht mehr lange, und von der Lüge werden wir reden zusammen wie von der Steinzeit, wie von Dynosauriern und wie vom Krieg, der Bürokratie und ähnlichen Sorgen aus Jahrtausenden, da wir noch von Selbstsucht bestimmt waren.

   a) Bald wird es keine Lügen mehr geben, keinen Krieg, keine Bürokratie, keine Selbstsucht; sie werden so weit weg sein wie die Steinzeit mit ihren Urtieren.
   b) Bald werden wir gemeinsam lügen, Kriege führen, selbstsüchtig und bürokratisch sein wie schon seit der Steinzeit.

7. Und jede Herrschaft, jeder Staat und jeder Drahtzaun wird abgestorben sein, gebrochen und zerrissen von der solidarischen und einzigen Gewalt unserer Befreiung zu einem Geschlecht der Menschen.

   a) Wenn die Staaten und andere Herrschaftsformen aufgehört haben zu existieren, dann werden wir gemeinsam und mit Gewalt die Menschen einen.
   b) Unser gemeinschaftliches Handeln wird alle Hindernisse beseitigen, die einer Vereinigung der Menschen entgegenstehen.

Übung zur Festigung des Wortschatzes

Ersetzen Sie die schräg gedruckten Wörter durch die entsprechenden Ausdrücke aus dem Text.

1. Wir müssen *tun, was* der Chef *sagt.*
2. In unserer Firma wird ein Großteil der Verwaltung durch *einen Computer (eine elektronische Rechenmaschine)* erledigt.
3. Der junge Ehemann verwöhnt seine Frau durch seine *liebevolle Zuwendung.*
4. Nachdem er unglücklich gestürzt war, konnte er sich nur schwer wieder *gerade hinstellen.*
5. Ich *bezweifle,* ob Dieter sein Versprechen einhalten kann.
6. Stolz verkündete der *Geschäftsführer,* daß doppelt so viel *hergestellt* worden sei wie im Vorjahr.
7. Warum bist du denn so *ängstlich und zurückhaltend?* Du kannst Gisela ruhig zum Tanzen auffordern!
8. Aus Eigennutz hat Willi mir *bewußt* eine *Unwahrheit* über Gerdas Freund erzählt.
9. Der Staat muß *den persönlichen Wert* des Menschen achten.

Fragen zur Interpretation

1. Um was für eine Art von Gedicht handelt es sich hier? Werden Gefühle des Dichters sichtbar gemacht, wird eine Naturszene beschrieben, werden religiöse Gedanken formuliert, oder was sonst?
2. Ist der Inhalt an eine bestimmte Zeit gebunden?
3. Wogegen wendet sich der Dichter?
4. Wie sieht die Gesellschaft aus, die er sich wünscht?
5. An wen wendet sich das Gedicht?
6. Worin unterscheidet es sich von Prosa? (Achten Sie besonders auf Rhythmus, Darstellungsweise, rhetorische Mittel, Syntax)

Zur Diskussion gestellt

1. Sehen Sie unsere Welt auch so wie O. F. Walter? Er sieht Schweigen zwischen den Menschen, jeder schaut starr vor sich hin, haßt die anderen, läßt sich unterdrücken, produziert unwillig für andere, lügt, ist egozentrisch und doch sich selbst entfremdet.
2. Möchten Sie in O. F. Walters utopischer Gesellschaft leben, oder haben Sie andere Wunschvorstellungen?
3. Teilen Sie den Optimismus des Dichters, daß seine Verheißung in Erfüllung gehen wird?

17 Unberechenbare[1] Gäste

Ich habe nichts gegen Tiere, im Gegenteil: ich mag sie, und ich liebe es, abends das Fell unseres Hundes zu kraulen[2], während die Katze auf meinem Schoß sitzt. Es macht mir Spaß, den Kindern zuzusehen, die in der Wohnzimmerecke die Schildkröte füttern. Sogar das kleine Nilpferd, das wir in unserer Badewanne halten, ist mir ans Herz gewachsen, und die Kaninchen, die in unserer Wohnung frei herumlaufen, regen mich schon lange nicht mehr auf. Außerdem bin ich gewohnt, abends unerwarteten Besuch vorzufinden; ein piepsendes Küken oder einen herrenlosen Hund, dem meine Frau Unterschlupf gewährt[3] hat. Denn meine Frau ist eine gute Frau, sie weist niemanden von der Tür, weder Mensch noch Tier, und schon lange ist dem Abendgebet unserer Kinder die Floskel[4] angehängt: Herr, schicke uns Bettler und Tiere.

Schlimmer ist schon, daß meine Frau auch Vertretern und Hausierern gegenüber keinen Widerstand kennt, und so häufen sich bei uns Dinge, die ich für überflüssig halte: Seife, Rasierklingen, Bürsten und Stopfwolle, und in den Schubladen liegen Dokumente herum, die mich beunruhigen: Versicherungs- und Kaufverträge verschiedener Art. Meine Söhne sind in einer Ausbildungs-, meine Töchter in einer Aussteuerversicherung[5], doch können wir sie bis zur Hochzeit oder bis zur Ablegung des zweiten Staatsexamens weder mit Stopfwolle noch mit Seife füttern, und selbst Rasierklingen sind nur in Ausnahmefällen dem menschlichen Organismus zuträglich[6].

So wird man begreifen, daß ich hin und wieder Anfälle leichter Ungeduld zeige, obwohl ich im allgemeinen als ruhiger Mensch bekannt bin. Oft ertappe[7] ich mich dabei, daß ich neidisch die Kaninchen betrachte, die es sich unter dem Tisch gemütlich machen und seelenruhig an Mohrrüben herumknabbern[8], und der stupide Blick des Nilpferds, das in unserer Badewanne die Schlammbildung beschleunigt, veranlaßt mich, ihm manchmal die Zunge herauszustrecken. Auch die Schildkröte, die stoisch an Salatblättern herumfrißt, ahnt nicht im geringsten, welche Sorgen mein Herz bewegen: die Sehnsucht nach einem frisch duftenden Kaffee, nach Tabak, Brot und Eiern und der wohligen Wärme, die der Schnaps in den Kehlen sorgenbeladener Menschen hervorruft. Mein einziger Trost ist dann Bello, unser Hund, der vor Hunger gähnt[9] wie ich. Kommen dann noch unerwartete Gäste: Zeitgenossen, die unrasiert sind wie ich, oder Mütter mit Babies, die mit heißer Milch getränkt, mit aufgeweichtem Zwieback[10] gespeist werden, so muß ich an mich halten, um meine Ruhe zu bewahren. Aber ich bewahre sie, weil sie fast mein einziger Besitz geblieben ist.

Es kommen Tage, wo der bloße Anblick frischgekochter, gelber Kartoffeln mir das Wasser in den Mund treibt; denn schon lange – dies gebe ich nur zögernd und

mit heftigem Erröten zu –, schon lange verdient unsere Küche die Bezeichnung bürgerlich nicht mehr. Von Tieren und von menschlichen Gästen umgeben, nehmen wir nur hin und wieder, stehend, eine improvisierte Mahlzeit ein.
Zum Glück ist meiner Frau nun für längere Zeit der Ankauf von unnützen Dingen unmöglich gemacht, denn wir besitzen kein Bargeld mehr, meine Gehälter sind auf unbestimmte Zeit gepfändet[11], und ich selbst bin gezwungen, in einer Verkleidung, die mich unkenntlich macht, in fernen Vororten Rasierklingen, Seife und Knöpfe in den Abendstunden weit unter dem Preis zu verkaufen; denn unsere Lage ist bedenklich geworden. Immerhin besitzen wir einige Zentner Seife, Tausende von Rasierklingen, Knöpfe jeglichen Sortiments, und ich taumele[12] gegen Mitternacht heim, suche Geld aus meinen Taschen zusammen; meine Kinder, meine Tiere, meine Frau umstehen mich mit glänzenden Augen, denn ich habe meistens unterwegs eingekauft: Brot, Äpfel, Fett, Kaffee und Kartoffeln, eine Speise übrigens, nach der Kinder wie Tiere heftig verlangen, und zu nächtlicher Stunde vereinigen wir uns in einem fröhlichen Mahl: zufriedene Tiere, zufriedene Kinder umgeben mich, meine Frau lächelt mir zu, und wir lassen die Tür unseres Wohnzimmers dann offenstehen, damit das Nilpferd sich nicht ausgeschlossen fühlt, und sein fröhliches Grunzen[13] tönt aus dem Badezimmer zu uns herüber. Meistens gesteht mir dann meine Frau, daß sie in der Vorratskammer noch einen zusätzlichen Gast versteckt hält, den man mir erst zeigt, wenn meine Nerven durch eine Mahlzeit gestärkt sind: schüchterne, unrasierte Männer nehmen dann händereibend am Tisch Platz, Frauen drücken sich zwischen unsere Kinder auf die Sitzbank, Milch wird für schreiende Babies erhitzt. Auf diese Weise lerne ich dann auch Tiere kennen, die mir ungeläufig waren: Möwen, Füchse und Schweine, nur einmal war es ein kleines Dromedar.
„Ist es nicht süß?" fragte meine Frau, und ich sagte notgedrungen, ja, es sei süß und beobachtete beunruhigt das unermüdliche Mampfen[14] dieses pantoffelfarbenen Tieres, das uns aus schiefergrauen Augen anblickte. Zum Glück blieb das Dromedar nur eine Woche, und meine Geschäfte gingen gut: die Qualität meiner Ware, meine herabgesetzten Preise hatten sich rundgesprochen, und ich konnte hin und wieder sogar Schnürsenkel[15] verkaufen und Bürsten, Artikel, die sonst nicht sehr gefragt sind. So erlebten wir eine gewisse Scheinblüte, und meine Frau – in völliger Verkennung der ökonomischen Fakten – brachte einen Spruch auf, der mich beunruhigte: „Wir sind auf dem aufsteigenden Ast[16]." Ich jedoch sah unsere Seifenvorräte schwinden, die Rasierklingen abnehmen, und nicht einmal der Vorrat an Bürsten und Stopfwolle war mehr erheblich.
Gerade zu diesem Zeitpunkt, wo eine seelische Stärkung mir wohlgetan hätte, machte sich eines Abends, während wir friedlich beisammensaßen, eine Erschütterung unseres Hauses bemerkbar, die der eines mittleren Erdbebens glich: die Bilder wackelten, der Tisch bebte und ein Kranz gebratener Blutwurst rollte von meinem Teller. Ich wollte aufspringen, mich nach der Ursache umsehen, als ich

unterdrücktes Lachen auf den Mienen der Kinder bemerkte. „Was geht hier vor sich?" schrie ich, und zum erstenmal in meinem abwechslungsreichen Leben war ich wirklich außer Fassung.[17]
„Walter", sagte meine Frau leise und legte die Gabel hin, „es ist ja nur Wollo." Sie begann zu weinen, und gegen ihre Tränen bin ich machtlos; denn sie hat mir sieben Kinder geschenkt.
„Wer ist Wollo?" fragte ich müde, und in diesem Augenblick wurde das Haus wieder durch ein Beben erschüttert. „Wollo", sagte meine jüngste Tochter, „ist der Elefant, den wir jetzt im Keller haben."
Ich muß gestehen, daß ich verwirrt war, und man wird meine Verwirrung verstehen. Das größte Tier, das wir beherbergt hatten, war das Dromedar gewesen, und ich fand einen Elefanten zu groß für unsere Wohnung, denn wir sind der Segnungen[18] des sozialen Wohnungsbaus noch nicht teilhaftig geworden.
Meine Frau und meine Kinder, nicht im geringsten so verwirrt wie ich, gaben Auskunft: von einem bankrotten Zirkusunternehmen war das Tier bei uns sichergestellt worden. Die Rutsche[19] hinunter, auf der wir sonst unsere Kohlen befördern, war es mühelos in den Keller gelangt. „Es rollte sich zusammen wie eine Kugel", sagte mein ältester Sohn, „wirklich ein intelligentes Tier." Ich zweifelte nicht daran, fand mich mit Wollos Anwesenheit ab und wurde im Triumph in den Keller geleitet. Das Tier war nicht übermäßig groß, wackelte mit den Ohren und schien sich bei uns wohlzufühlen, zumal ein Ballen Heu zu seiner Verfügung stand. „Ist er nicht süß?" fragte meine Frau, aber ich weigerte mich, das zu bejahen. Süß schien mir nicht die passende Vokabel zu sein. Überhaupt war die Familie offenbar enttäuscht über den geringen Grad meiner Begeisterung, und meine Frau sagte, als wir den Keller verließen: „Du bist gemein, willst du denn, daß er unter den Hammer kommt[20]?"
„Was heißt hier Hammer", sagte ich, „und was heißt gemein, es ist übrigens strafbar, Teile einer Konkursmasse[21] zu verbergen." „Das ist mir gleich", sagte meine Frau, „dem Tier darf nichts geschehen."
Mitten in der Nacht weckte uns der Zirkusbesitzer, ein schüchterner, dunkelhaariger Mann, und fragte, ob wir nicht noch Platz für ein Tier hätten. „Es ist meine ganze Habe, mein letzter Besitz. Nur für eine Nacht. Wie geht es übrigens dem Elefanten?"
„Gut", sagte meine Frau, „nur seine Verdauung macht mir Kummer."
„Das gibt sich", sagte der Zirkusbesitzer. „Es ist nur die Umstellung. Die Tiere sind so sensibel. Wie ist es – nehmen Sie die Katze noch – für eine Nacht?" Er sah mich an, und meine Frau stieß mich in die Seite und sagte: „Sei doch nicht so hart."
„Hart", sagte ich, „nein, hart will ich nicht sein. Meinetwegen[22] leg' die Katze in die Küche."
„Ich hab' sie draußen im Wagen", sagte der Mann.

120 Ich überließ die Unterbringung der Katze meiner Frau und kroch ins Bett zurück. Meine Frau sah ein wenig blaß aus, als sie ins Bett kam, und ich hatte den Eindruck, sie zitterte ein wenig. „Ist dir kalt?" fragte ich. „Ja", sagte sie, „mich fröstelt's so komisch."
„Das ist nur die Müdigkeit."
125 „Vielleicht ja", sagte meine Frau, aber sie sah mich dabei so merkwürdig an. Wir schliefen ruhig, nur sah ich im Traum immer den merkwürdigen Blick meiner Frau auf mich gerichtet, und unter einem seltsamen Zwang erwachte ich früher als gewöhnlich. Ich beschloß, mich einmal zu rasieren.
Unter unserem Küchentisch lag ein mittelgroßer Löwe; er schlief ganz ruhig, nur
130 sein Schwanz bewegte sich ein wenig, und es verursachte ein Geräusch, wie wenn jemand mit einem sehr leichten Ball spielt.
Ich seifte mich vorsichtig ein und versuchte, keine Geräusche zu machen, aber als ich mein Gesicht nach rechts drehte, um meine linke Wange zu rasieren, sah ich, daß der Löwe die Augen offenhielt und mir zublickte. „Sie sehen tatsächlich wie
135 Katzen aus", dachte ich. Was der Löwe dachte, ist mir unbekannt: er beobachtete mich weiter, und ich rasierte mich, ohne mich zu schneiden, muß aber hinzufügen, daß es ein merkwürdiges Gefühl ist, sich in Gegenwart eines Löwen zu rasieren. Meine Erfahrungen im Umgang mit Raubtieren[23] waren minimal, und ich beschränkte mich darauf, den Löwen scharf anzublicken, trocknete mich ab und ging
140 ins Schlafzimmer zurück. Meine Frau war schon wach, sie wollte gerade etwas sagen, aber ich schnitt ihr das Wort ab und rief: „Wozu da noch sprechen!" Meine Frau fing an zu weinen, und ich legte meine Hand auf ihren Kopf und sagte: „Es ist immerhin ungewöhnlich, das wirst du zugeben."
„Was ist ungewöhnlich?" sagte meine Frau, und darauf wußte ich keine Antwort.
145 Inzwischen waren die Kaninchen erwacht, die Kinder lärmten im Badezimmer, das Nilpferd – es hieß Gottlieb – trompetete schon, Bello räkelte[24] sich, nur die Schildkröte schlief noch – sie schläft übrigens fast immer.
Ich ließ die Kaninchen in die Küche, wo ihre Futterkiste unter dem Schrank steht: die Kaninchen beschnupperten[25] den Löwen, der Löwe die Kaninchen, und meine
150 Kinder – unbefangen und den Umgang mit Tieren gewöhnt, wie sie sind – waren längst auch in die Küche gekommen. Mir schien fast, als lächle der Löwe; mein drittjüngster Sohn hatte sofort einen Namen für ihn: Bombilus. Dabei blieb es.
Einige Tage später wurden Elefant und Löwe abgeholt. Ich muß gestehen, daß ich den Elefanten ohne Bedauern schwinden sah, ich fand ihn albern, während der
155 ruhige, freundliche Ernst des Löwen mein Herz gewonnen hatte, so daß Bombilus' Weggang mich schmerzte. Ich hatte mich so an ihn gewöhnt; er war eigentlich das erste Tier, das meine volle Sympathie genoß.

aus: *Heinrich Böll, Erzählungen, 1950–1970* © *1972 by Verlag Kiepenheuer & Witsch, Köln*

Worterklärungen

1	unberechenbar	etwas oder jmd., dessen Handlungen man nicht vorhersehen kann
2	das Fell kraulen	mit gekrümmten Fingern die behaarte Haut eines Tieres streicheln
3	Unterkunft (hier: Unterschlupf) gewähren	jmdn. in sein Haus zum Wohnen aufnehmen
4	e Floskel, -n	stets gleichbleibender Satz
5	e Aussteuer (o. pl.)	die Gegenstände für ihren Haushalt, die ein Mädchen bei der Hochzeit in die Ehe mitbekommt
6	zuträglich	geeignet für etwas
7	ertappen	jmdn. treffen, während er etwas Verbotenes tut
8	knabbern	etwas in kleinen Stücken essen
9	gähnen	(vor Müdigkeit) den Mund weit öffnen und dabei tief atmen
10	r Zwieback, -s, ¨e	auf beiden Seiten geröstetes trockenes Weizengebäck
11	meine Gehälter sind gepfändet	was ich verdiene, bekommen sofort die Leute, denen ich Geld schulde
12	taumeln	unsicher hin und her schwanken
13	grunzen	dunkle Laute hören lassen
14	mampfen	mit vollem Munde essen
15	r Schnürsenkel, -s, -	Schuhband
16	wir sind auf dem aufsteigenden Ast	es geht uns zunehmend besser
17	außer Fassung sein	seine innere Ruhe verloren haben
18	e Segnung, -en	günstige Wirkung
19	e Rutsche, n	Bahn, auf der sich etwas schnell abwärts bewegt
20	unter den Hammer kommen	etw. wird öffentlich zum Verkauf angeboten und dem verkauft, der am meisten dafür bietet
21	e Konkursmasse (o. pl.)	die bei einem wirtschaftlichen Zusammenbruch übriggebliebenen Waren und Gelder
22	meinetwegen	von mir aus, was mich betrifft
23	s Raubtier, -e	Tier, das andere Tiere frißt
24	sich räkeln	mit Vergnügen seine Glieder ausstrecken
25	beschnuppern	*hier:* ein Tier mit der Nase beriechen

Fragen zur Interpretation

1. Auch in diesem Text geht es um „Formen des Zusammenlebens". In welchem Ton, in welcher Weise wird davon berichtet?
2. Erklären Sie die Überschrift.
3. Der einleitende Teil der Erzählung beginnt ganz ruhig und idyllisch („ich mag Tiere") und wird dann immer dramatischer. Nennen Sie die einzelnen Abschnitte dieser Einleitung bis zu ihrem abschließenden Höhepunkt, der Finanzkatastrophe („Wir besitzen kein Bargeld mehr").
4. Erster Handlungshöhepunkt: die nächtliche Mahlzeit. Wie kommt es dazu? Welche Überraschungen gibt es? Warum teilt der Ich-Erzähler nicht den Optimismus seiner Frau?
5. Die Zwischenepisode mit dem Elefanten: Worin besteht die Meinungsverschiedenheit des Ehepaares?
6. Was überrascht uns an der Reaktion des Ich-Erzählers auf die Anwesenheit eines Löwen?
7. Viele Erscheinungen unseres Alltages werden mit mildem Spott dargestellt: wie geschickte Händler gutmütigen Frauen Nutzloses verkaufen; wie begehrt Kaffee, Tabak und Alkohol sind usw. Suchen Sie weitere solche Beispiele.
8. In welchem Sinne behandelt Böll das Verhältnis Mensch-Tier?

Zur Diskussion gestellt

1. Diese Erzählung schildert sicher keine wahre Begebenheit. Hat sie Ihnen trotzdem gefallen? Erläutern Sie Ihr Urteil!
2. Die Kinder verhalten sich zu den Tieren (auch zum Löwen) ganz natürlich. Die Erwachsenen (besonders der Vater) haben Vorurteile gegenüber den Tieren. Böll verspottet diese Vorurteile. Hat er damit nach Ihrer Ansicht recht?
3. Für wen haben Sie mehr Sympathie: für die Frau, die zu allen gastfreundlich ist, oder für den Mann, der all dem skeptisch gegenübersteht?

Übung zur Festigung des Wortschatzes

Erklären Sie die folgenden zusammengesetzten Wörter aus ihren Bestandteilen.
Beispiele: a) Schildkröte   b) Badewanne
Erläuterung:
   a) ein Kriechtier, ähnlich einer Kröte, dessen Rücken durch eine harte Platte, ähnlich einem Schild, geschützt wird
   b) eine Wanne, die zum Baden dient

1. herrenlos
2. Abendgebet
3. Rasierklinge
4. Stopfwolle
5. Kaufvertrag
6. Aussteuerversicherung
7. Staatsexamen
8. Schlammbildung
9. sorgenbeladen
10. Zeitgenosse
11. Vorort
12. Vorratskammer
13. händereibend
14. notgedrungen
15. Scheinblüte
16. Erdbeben
17. Augenblick
18. merkwürdig
19. Küchentisch
20. Futterkiste

Übung zum sprachlichen Ausdruck

Ersetzen Sie die schräg gedruckten Stellen durch Ausdrücke aus dem Text. (Die Zeilenangaben hinter den Sätzen helfen Ihnen beim Auffinden dieser Ausdrücke im Text.)

1. Ich sehe *gerne* den Möwen zu (Z. 3).
2. Ich *habe* unsere jungen Kätzchen *sehr liebgewonnen* (Z. 4/5).
3. Der Lärm unserer Nachbarn *macht* mich schon lange nicht mehr *zornig* (Z. 6).
4. Als der Elefant das Haus erschütterte, *verlor* ich wirklich *meine Ruhe* (Z. 81).
5. Meine Frau *schlägt* es keinem Hausierer *ab, in unser Haus zu kommen* (Z. 12–13).
6. Nach der Arbeit *ließen* wir uns *bequem* vor dem Fernseher *nieder* (Z. 24).
7. Als Tante Olga diesen Unsinn hörte, mußte sie *sich* sehr *beherrschen,* um nicht laut zu lachen (Z. 34).
8. Wir hatten nur Zeit, um *etwas behelfsmäßig Zusammengestelltes zu essen* (Z. 39–40).
9. Da wir keinen freien Stuhl fanden, *zwängten* wir uns *in die engen Zwischenräume zwischen den Kindern,* die auf der Bank saßen (Z. 59).
10. Der Verkäufer von Winterkleidung berichtet: „Seit es so kalt geworden ist, *verkaufen wir viel.*" (Z. 66).
11. Deine wirtschaftlichen Verhältnisse *verbessern sich stetig* (Z. 71).
12. Was *ist* hier *los?* (Z. 79/80).
13. Wenn jemand seine Schulden nicht mehr bezahlen kann, wird sein Besitz (soweit nicht lebensnotwendig) *beschlagnahmt* und *versteigert* (Z. 43 und 103 f.).
14. Das wird schon *besser werden* (Z. 113).
15. *Ich hatte bisher fast nie mit* kleinen Kindern *zu tun gehabt* (Z. 138).
16. Der Erzähler *hatte* den Löwen *sehr gern* (Z. 157).

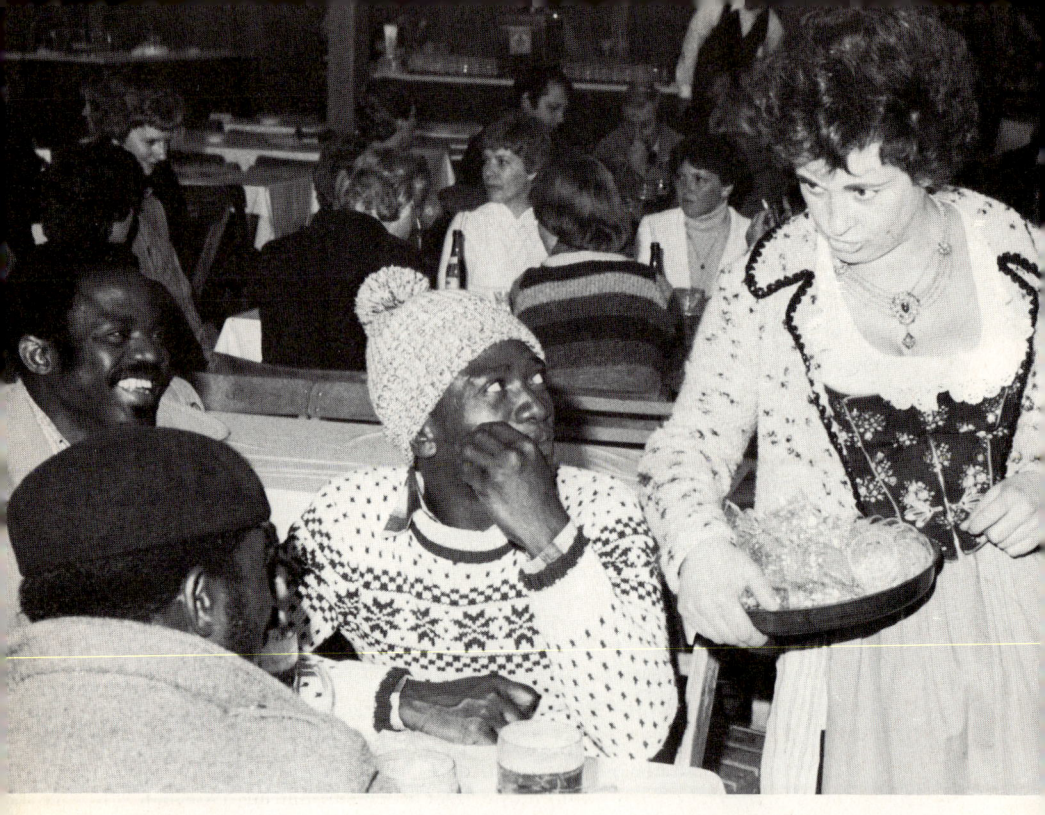

Leben in einer multinationalen Gesellschaft

18 Das Leben ist internationaler geworden

Die Vielfalt des Lebens innerhalb der nationalen Grenzen und zugleich seine Internationalisierung haben den so beliebten Vergleich der Volkscharaktere heutzutage höchst fragwürdig gemacht. Nicht einmal in städtischen Gemeinschaften findet sich die dafür notwendige Uniformität[1], geschweige denn[2] in ganzen Nationen. Eine Kleinstadt bestand früher hauptsächlich aus großen und mittleren Familien, in denen Anschauungen gebildet und an die nächste Generation autoritär weitergegeben wurden. Es gab nur wenige Dutzend Berufe. Es gab noch kein Fernsehen und kein Radio, die Auflagen der Zeitungen waren niedrig, Bücher waren teuer und ausländische Zeitungen und Bücher kaum vorhanden. Die Kirche und die Obrigkeit[3] bestimmten mit ihrem Einfluß das Denken der Bürger und vereinheitlichten es.

Heute ist die Stadt bewohnt von vielen kleinen Familien, selten leben mehr als zwei Generationen zusammen, und die Autorität der älteren ist höchst zweifelhaft geworden. Die Menschen gehen Hunderten von verschiedenen Berufen nach. Sie sehen und hören im Fernsehen und Hörfunk von fremden Ländern, sie lesen darüber in ausländischen Büchern und Zeitungen. Sie reisen jedes Jahr zu Millionen in fremde Länder, sei es im Urlaub oder auf Geschäfts- und Informationsreisen. Werbung in unendlicher Vielfalt, aber oftmals international einheitlich, beeinflußt manchen heute stärker, als seine Vorfahren von Kirche und Obrigkeit geleitet waren. Er kann sich in viel höherem Maße seine eigene äußere, häusliche und geistige Sphäre schaffen, verschieden von der seiner Nachbarn, seiner Freunde und Verwandten.

Das Leben ist vielfältiger, uneinheitlicher geworden, selbst in den kleinen Gemeinschaften. Aber zugleich ist es in vielen Zügen international einheitlich oder zumindest ähnlich geworden. Junge Menschen in aller Welt tragen Blue jeans, trinken Coca-Cola oder Gin-Tonic. Junge wie Ältere kennen die gleichen Auto- und Benzinmarken, sie plagen[4] sich mit Schlankheitskuren herum und haben beim Zigarettenrauchen ein schlechtes Gewissen. Sie bekommen in England wie in Deutschland oder Japan die Gefahren des Cholesterins gepredigt[5]. Sie haben ihren Spaß an „My Fair Lady" und summen Pop-Musik nach, die aus einem tausend Kilometer entfernten Lande stammt. Im Beruf treffen sie sich mit Kollegen aus Dutzenden von Ländern beim Weltkongreß der Wirtschaftsprüfer, der Landschaftsgärtner oder der Zahnärzte, auf der Internationalen Feinkost-, Werkzeugmaschinen- oder Druck- und Papiermesse. Der Rechtsanwalt aus Lyon hat mit seinem Kollegen aus Düsseldorf wahrscheinlich mehr gemeinsam als mit dem Stahlarbeiter aus Dünkirchen, und der wohlhabende Farmer aus Herefordshire kommt mit dem Bauern aus dem Münsterlande womöglich besser zurecht als mit dem verkrachten[6] Maler aus Hampstead. Deshalb wird es von Jahr zu Jahr unsinniger, in nationalen Mentalitäten[7] zu denken und sie zu vergleichen – jedenfalls in der westlichen Welt, wo es wenig politische Gleichschaltung gibt. Mit wachsendem Einkommen, mit immer besserer Fernmeldetechnik und Unterhaltungselektronik verwischen[8] sich auf vielen Lebensgebieten die nationalen Eigenheiten immer mehr.

aus: *Jochen Rudolph, Wenn die Nation keine Lust mehr hat, Frankfurter Allgemeine Zeitung, 25. 3. 1978.*

Worterklärungen

[1] e Uniformität (o. pl.)   Einförmigkeit, Gleichartigkeit
[2] geschweige denn   erst recht nicht, ganz bestimmt nicht

³ e Obrigkeit (o. pl.) (altertümlich) Regierung
⁴ sich herumplagen mit sich Mühe machen mit
⁵ predigen hier: dringend von etwas reden
⁶ verkracht (beruflich) gescheitert, erfolglos
⁷ e Mentalität, -en Art zu denken und zu fühlen
⁸ verwischen undeutlich machen

Erschließung des Inhalts

Welche der folgenden Aussagen steht sinngemäß im Text? Nennen Sie die Textstelle.

1. a) Radio und Fernsehen sind die Ursachen der heutigen Uniformität.
   b) Früher wurde die Einheitlichkeit des Volkscharakters durch ein autoritäres Erziehungssystem hergestellt.
   c) Kirche und Obrigkeit verboten früher die Verbreitung von Büchern und Zeitschriften.
2. a) Heute beeinflussen die Eltern anstatt der Obrigkeit das Denken der Jüngeren.
   b) Der Volkscharakter wird durch die Massenmedien geprägt.
   c) Heute wird der Lebensstil der jüngeren Generation nur noch wenig von den Anschauungen der Älteren geprägt.
3. a) Der frühere Einfluß der Kirche war allgemein größer als der heutige Einfluß der Werbung.
   b) Die Werbung sorgt für eine Gleichartigkeit des Lebens eines Volkes.
   c) Die Vielfalt der Werbung sorgt für eine Vielfalt im Lebensstil der Menschen.
4. a) Da heute jeder seinen eigenen Lebensstil leben kann, gibt es keinen Nationalcharakter mehr.
   b) Wegen der vielfältigen internationalen Beziehungen ist der Vergleich der Volkscharaktere beliebt.
   c) Daß unser Leben heute immer internationaler geworden ist, ist eine fragwürdige Erscheinung.
5. a) Jedes Land hat seine eigenen Probleme.
   b) Immer mehr Aspekte des Lebens in verschiedenen Ländern sind einander ähnlich geworden.
   c) Die Jugend bestimmt den Geschmack unserer Zeit.
6. a) Bei internationalen Kongressen werden die Mentalitätsunterschiede der Völker sichtbar.
   b) Menschen mit ähnlichen Berufen haben heute meist mehr miteinander gemeinsam als Landsleute aus verschiedenen Berufsbereichen.
   c) Die Kongresse dienen dazu, daß Menschen mit verschiedenen Berufen einander näher kommen.

7. a) In Ländern ohne Diktatur gibt es kaum mehr nationale Eigenheiten.
   b) Politische Gleichschaltung ist ein Kennzeichen der westlichen Welt.
   c) Die nationalen Eigenheiten werden durch die Massenmedien gefördert.

Zur Diskussion gestellt

1. Gilt die These des Autors, es gebe so viele Lebensformen, daß man nicht mehr von einem Volkscharakter sprechen könne, auch in bezug auf Ihr Land?
2. Stimmen Sie der These des Autors zu, daß heute Berufskollegen aus verschiedenen Ländern mehr miteinander gemeinsam haben als Bürger desselben Volkes?
3. Unterstellt, die Ansichten des Autors seien richtig: Glauben Sie, es ist ein Gewinn für die Menschheit, wenn die nationalen Eigenheiten verschwinden?

Übung zur Festigung des Wortschatzes

Setzen Sie jeweils das richtige Verbum in die Lücken ein (ergänzen Sie – wenn nötig – Reflexivpronomen oder Präposition).

bestehen, bestimmen, finden, herumplagen, nachgehen, schaffen, stammen, treffen, verwischen, zurechtkommen.

1. Selbst in den Dörfern .... kaum noch Interesse am Volkstanz.
2. Eine Durchschnittsfamilie .... heutzutage .... vier Personen.
3. Die Massenmedien .... das Denken der Menschen mehr, als die meisten es wissen.
4. Früher .... nur die Männer einem Beruf ...., die Frauen blieben zu Hause.
5. Jeder junge Mensch möchte sich die Lebensform ...., die seinem Wesen entspricht.
6. Viele scheuen sich, Lehrer zu werden, weil sie .... nicht mit anderer Leute Kinder .... möchten.
7. Diese Keramikschale .... Griechenland; mein Bruder brachte sie von seiner Urlaubsreise mit.
8. Bei der Tagung in Buenos Aires .... europäische Astronomen .... ihren südamerikanischen Kollegen.
9. Mit dieser neuen Waschmaschine .... ich überhaupt nicht ....
10. Die Unterschiede zwischen den einzelnen deutschen Ländern haben .... seit dem letzten Krieg immer mehr ....

95

Übung zum sprachlichen Ausdruck

Ersetzen Sie jeweils den schräg gedruckten Ausdruck durch das in Klammern hinzugefügte Synonym.

Beispiel: Bei uns *gibt es* kaum noch Leute, die im Freien arbeiten wollen. (sich finden)
Lösung: Bei uns finden sich kaum noch Leute, die im Freien arbeiten wollen.

1. *Gibt es* keinen, der diesem armen Jungen hilft? (sich finden)
2. Für diesen Antrag *gab es* keine Mehrheit im Parlament. (sich finden)
3. Die Mutter *vermittelt* den Kindern ihre Anschauungen. (weitergeben)
4. Hast Du diesen Rundbrief Deinen Mitschülern *zukommen lassen?* (weitergeben)
5. Wir müssen diesen Antrag Herrn Müller *zuleiten.* (weitergeben)
6. Die Kirche und die Obrigkeit haben das Denken der Bürger *einheitlich gemacht.* (vereinheitlichen)
7. Durch Karl Duden wurde die Rechtschreibung in Deutschland *einheitlich gemacht.* (vereinheitlichen)
8. Halten Sie es für sinnvoll, die Verkehrsregeln international *einheitlich zu machen?* (vereinheitlichen)
9. Die Werbung *beeinflußt* alle Verbraucher. (Einfluß ausüben)
10. Durch welches Buch wurdest du am stärksten *beeinflußt?* (Einfluß ausüben)
11. In welchem Maß sollten Eltern die Berufswahl ihrer Kinder *beeinflussen?* (Einfluß ausüben)
12. Meine Lebensweise *unterscheidet sich* von der meiner Nachbarn. (verschieden sein)
13. Wie sehr *unterscheiden sich* diese beiden Ansichten eigentlich? (verschieden sein)
14. Meinst Du nicht, daß dein Plan sich kaum von meinem *unterscheidet?* (verschieden sein)
15. Jungen Menschen *gefällt* „My Fair Lady". (Spaß haben)
16. Meinen Freunden *gefällt* dieser Zukunftsfilm. (Spaß haben)
17. Mir *gefällt* diese neue Sportart. (Spaß haben)

19 Die Welt ist unter uns

Schule international

Sie stöhnen[1] über die Kölner Luft, schwärmen[2] jedoch vom „guten Klima" in Frechen. Sie meinen damit die menschliche Atmosphäre am dortigen Gymnasium. „Hier läßt es sich gut arbeiten", versichert Jain Mac Arthur. Er gehört zu den sechs ausländischen Pädagogen, die neben ihren deutschen Kollegen an dieser Schule Unterricht erteilen. Nicht weniger international präsentieren sich vor allem die Klassen der Unterstufen: deutsche und griechische, italienische und türkische Schüler üben hier ihre Lektionen. Der Schulleiter findet das gut so: „Die Welt ist unter uns. Immerhin sind insgesamt acht Nationen am Frechener Gymnasium vertreten. Das aber tut dem Unterricht in keiner Weise Abbruch. Im Gegenteil." Der 14jährige Dieter findet es „Klasse", mit Jain Mac Arthur englische Vokabeln zu pauken. Vor eineinhalb Jahren kam der junge Lehrer aus England ins Frechener Gymnasium, um seine deutschen Sprachkenntnisse aufzufrischen, wie er sagt.

Kritik am System

„Während meines Unterrichts wird allerdings ausschließlich Englisch gesprochen." Denn schließlich sollen zuerst die Schüler von ihrem Lehrer aus England profitieren. Der Lehrer hält eine gute Kameradschaft zu seinen Schützlingen. Das einzige, was er bemängelt, ist das Schulsystem. „Ich finde es nicht gut, daß die Schüler in der Bundesrepublik Deutschland immer unter ständigen Druck durch Klassenarbeiten und Klassenleistung gesetzt werden."

Viel Freiheit

In den Augen von Mahfoudh Bensarti ist in der Bundesrepublik Deutschland „alles schön, alles gut". Er ist seit 1970 am Gymnasium. „Nur das Wetter ist schlecht", findet der Tunesier. Er will in Köln an der Sporthochschule sein Diplom als Sportlehrer machen. Atemlos hat er gerade eine Ballschlacht mit Quintanern[3] beendet. „Mit ihnen zu arbeiten macht wirklich Spaß." Er mißt den Unterricht allerdings nach anderen Maßstäben: „Die Schüler haben hier sehr viel Freiheit. In Tunesien [seinem Heimatland] hätten sie nicht soviel zu sagen."

Mit Diplomatie

Der 32jährige Tunesier will sein Ziel mit „viel Diplomatie" bei seinen Schützlingen erreichen. „Man muß auch manchmal weggucken[4] und weghören können."

Aber da, wo der Fußball rollt, ist selbst das nicht nötig. Als Spieler der Nationalmannschaft (80 mal hat er bereits für Tunesien gespielt) ist Bensarti von den Schülern natürlich akzeptiert worden. Inzwischen hat er auch die Trainer-Lizenz für die Bundesliga in der Tasche. Das imponiert.

Die Schwedin Ann-Louise Lohbeck will nicht in die Heimat zurück. Auch sie ist in die Bundesrepublik Deutschland gekommen, um ihr Sportlehrer-Diplom zu machen. Autorität wird bei ihrem Turnunterricht „ganz klein" geschrieben. Sie beurteilt das deutsche Schulsystem positiver als das schwedische. Dort sei die Mitbestimmung der Schüler zu groß und mache viele Schwierigkeiten. Sie nennt die Vorteile des deutschen Schulsystems: „Ich finde es gut, daß man immer noch die Möglichkeit hat, die Schüler im Griff zu halten. Nicht mit Strenge, aber doch einer gewissen Ordnung."

Über die Bänke

Aber nicht nur Pädagogen haben sich in den letzten Jahren gern in der Bundesrepublik Deutschland angesiedelt[5]. Immer mehr Kinder von Ausländern drücken die Schulbänke der deutschen Gymnasien – wie die fünfzehn Griechen, Türken und Italiener in Frechen. Der Schulleiter erinnert sich an die ersten Unterrichtsstunden mit den kleinen Ausländern: „Es ging über Tische und Bänke, wenn einer glaubte, was zu wissen." Mit Hilfe der Eltern wurde inzwischen manches Temperament gezügelt[6]. Seitdem folgen die kleinen Ausländer genauso ernsthaft dem Unterricht wie ihre deutschen Schulkameraden. Eine gemeinsame Unterrichtsstunde macht aber auch eine Problematik deutlich.

Die Sprache!

Die Tatsache, daß die Kinder aus acht verschiedenen Ländern kommen, spielt keine Rolle; sie kommen ohne weiteres miteinander aus. „Die Integration[7] ist voll gelungen", versichert Studienrat Bodo Jekewitz (34). Er betreut als Klassenlehrer eine der fünf Quinten mit fünf Ausländern. „Sie sind zwar alle gute Fußballspieler und zum großen Teil sehr begabt, aber der Erfolg in den anderen Fächern scheitert häufig einfach an den Sprachschwierigkeiten." Das bekümmert den Studienrat sehr. Nach seiner Meinung würden ein fünftes Schuljahr an der Grundschule sowie Sprachtests und Förderkurse am Gymnasium die Situation wesentlich verbessern. Einige von seinen Schützlingen aus Griechenland und der Türkei hält Jekewitz für überdurchschnittlich begabt. „Um so bedauerlicher[8] ist es, daß die Schule ihnen keinen ergänzenden Sprachunterricht bieten kann." Dazu fehlt das Personal.

„Nicht so streng"

Der elfjährige Alexander meint, daß die ausländischen Schüler nicht so streng bewertet werden sollten. In dem munteren Quintaner fließt sizilianisches Blut. „Manche nämlich sagen, ich sei Sizilianer oder Italiener, weil mein Vater daher stammt." Ich aber behaupte: „Ich komme aus Frechen."
Alle deutschen Kinder sind sich einig: „Wir verstehen uns prima mit unseren ausländischen Klassenkameraden. Die sind doch genauso wie wir."
aus: *Scala-Jugendmagazin, Nr. 3/1975*

Worterklärungen

[1]	stöhnen	*hier:* sich beklagen
[2]	schwärmen	sich begeistern
[3]	r Quintaner, s,-	Gymnasiast der 6. Klasse (Quinta, pl. Quinten)
[4]	gucken	blicken, sehen
[5]	sich ansiedeln	(an einen Ort) kommen und (dort) wohnen
[6]	zügeln	nicht frei gehen lassen, unter Kontrolle bringen
[7]	e Integration (o. pl.)	Zusammenführung zu einer Gruppe, Einbeziehung in eine Gemeinschaft
[8]	bedauerlich	schade, nicht erfreulich

Erschließung des Inhalts

1. Suche neue Überschriften für die einzelnen Textabschnitte.
   Ein Beispiel für den ersten Abschnitt:
   Lehrer und Schüler aus acht Ländern an einem Gymnasium.
2. Welche positiven Urteile finden sich im Text (über Frechen, sein Gymnasium, das deutsche Schulsystem)?
3. Welche kritischen Urteile finden sich?
4. Welche Unterschiede zwischen den schulischen Verhältnissen in der Bundesrepublik Deutschland und im jeweiligen Heimatland der Lehrer werden genannt?

Zur Diskussion gestellt

1. Sollte man Kinder aus verschiedenen Ländern nicht besser in getrennte Schule schicken?
2. Welche Vor- bzw. Nachteile sehen Sie für den Unterricht, wenn Lehrer aus verschiedenen Ländern dieselben Schüler unterweisen?
3. Wie beurteilen Sie das deutsche Unterrichtssystem?

Übung zur Festigung des Wortschatzes

Ersetzen Sie die schräg gedruckten Stellen durch Ausdrücke aus dem Text.
1. Die Lehrer *sprechen begeistert* von dem angenehmen Arbeitsklima am Gymnasium in Frechen. (Z. 2)
2. „Es macht Spaß, an dieser Schule zu arbeiten", *stellt* ein Lehrer aus England *mit Nachdruck fest.* (Z. 4)
3. Sechs ausländische Lehrer *sind* an dieser Schule *als Lehrer tätig.* (Z. 4/6)
4. Die internationale Zusammensetzung der Klassen *schadet* dem Unterricht in keiner Weise. (Z. 10)
5. Dieter findet es *großartig*, mit seinem Freund englische *Wörter zu lernen*. (Z. 11)
6. Aus Mr. Mac Arthurs Unterricht konnte Dieter *einen großen Nutzen ziehen*. (Z. 17)
7. Herr Bensarti *beurteilt* die deutschen Schüler nach anderen Maßstäben. (Z. 26)
8. Da Herr Bensarti ein erfahrener Fußballspieler ist, wird er von allen Schülern als Trainer *anerkannt*. (Z. 34)
9. Frau Lohbeck lobt es, daß sie die Möglichkeit hat, *eine gewisse Kontrolle* über die Schüler auszuüben. (Z. 42)
10. Kinder aus vielen Ländern *besuchen* deutsche Gymnasien. (Z. 46–47)
11. Manchem jungen Ausländer fällt es schwer, sein Temperament zu *beherrschen*. (Z. 51)
12. Vieles *ist unmöglich wegen* der Sprachschwierigkeiten. (Z. 59)

Übung zur Fragebildung

Der Artikel „Die Welt ist unter uns" beruht auf Gesprächen eines Journalisten mit Lehrern und Schülern. Mit Hilfe der folgenden Stichpunkte sollen die Fragen des Journalisten neu formuliert werden (die Antworten sind dem Text entnommen).

Beispiel: Frage an Mr. Mac Arthur: Klima in Frechen?
           Antwort: „Hier läßt es sich gut arbeiten."
Lösung: „Welches Arbeitsklima herrscht in Frechen?"

1. Frage an den Schulleiter: Seine Meinung über die Internationalität der Schule?
   A.: „Ich finde das gut so. Die Welt ist unter uns."
2. Frage an den 14jährigen Dieter: Unterricht mit einem englischen Lehrer?
   A.: „Ich finde es Klasse, mit Mr. Mac Arthur englische Vokabeln zu pauken."
3. Frage an Mr. Mac Arthur: Unterrichtssprache?
   A.: „Während meines Unterrichtes wird ausschließlich Englisch gesprochen."

4. Frage an den Sportlehrer aus Tunesien: Gründe seines Deutschlandaufenthaltes?
   A.: „Ich will in Köln an der Sporthochschule mein Diplom machen."
5. Frage an Frau Lohbeck: Beurteilung des deutschen Schulsystems?
   A.: „Ich beurteile es im ganzen positiver als das schwedische."
6. Frage an den Schulleiter: Probleme mit den kleinen Ausländern?
   A.: „In der ersten Unterrichtsstunde ging es über Tische und Bänke, wenn einer glaubte, etwas zu wissen."
7. Frage an Studienrat Jekewitz: Integration der Schüler?
   A.: „Die Integration ist voll gelungen."
8. Frage an Studienrat Jekewitz: Behebung der Sprachschwierigkeiten?
   A.: „Sprachkurse würden die Situation wesentlich verbessern."

Übung zur Grammatik

Ergänzen Sie die passende Präposition (ggf. mit Artikel).

1. Die Ausländer stöhnen .... Kölner Luft.
2. Sie schwärmen .... guten Klima in Frechen.
3. Jain Mac Arthur gehört .... sechs ausländischen Lehrern an der Schule.
4. Die Schüler profitieren .... ihrem Lehrer.
5. Der Lehrer hält gute Kameradschaft .... seinen Schützlingen.
6. Die Schüler werden nicht .... Druck gesetzt.
7. Der Schulleiter erinnert sich .... die ersten Unterrichtsstunden.
8. Die Problematik liegt .... den Sprachschwierigkeiten begründet.
9. Die Schüler scheitern nicht .... mangelnder Begabung.
10. Manche hält der Lehrer .... gut begabt.

20 Brief aus Krähwinkel

Liebe Tochter,

Deine „Mitteilung" hat mich durchaus nicht erschreckt. Ich rate Dir aber, wie Du richtig vermutest, wirklich ab, diesem Feuer Nahrung zu geben. Du scheinst mir glücklicherweise bei weitem nicht so entbrannt zu sein wie er. Wie wäre es, wenn Du vollkommen frei mit ihm redetest? Erkläre ihm Dein Dilemma.

Als Haitianer ist er nicht ganz so „frustriert"[1] wie seinerzeit Dein Freund Roy in Washington. Ich darf Dir heute sagen, daß ich froh war, als Roy Dich sehr bald langweilte. Wie Du Dich besser erinnern wirst als ich, hob es ihn sichtbar, eine Weiße als feste Freundin zu haben. Er liebte Dich sicherlich auch persönlich. Das geht in solchen Fällen immer unheilvoll[2] durcheinander. Erklärst Du diesem Jean Christoph aus Port-au-Prince, Du empfindest nicht genug für ihn, dann ist er als männliches Wesen gekränkt; gebrauchst Du Ausreden, fühlt er sich als „Schwarzer" diskriminiert.

Durch Deine Freundschaft mit einem amerikanischen Neger in einer „integrierten"[3] amerikanischen Schule hast Du vor Dir selber und anderen bewiesen, daß Du keine Rassenvorurteile hast. Erzähl ihm davon; zeige ihm Fotos von Roy und Dir. Dann sage, was Mädchen ja so manches Mal sagen müssen: Ich hab Dich gern, mon Jean Christoph, ich finde Dich interessant, und Deine künstlerische Begabung bewundere ich; aber lieben tu ich und kann ich Dich nicht.

Er wird, wie junge Männer das immer wieder tun, verzweifelt fragen: Warum, warum? Aber auch in diesem Falle gibt es darauf keine Antwort. Ungerecht und bitter, ja – und der Liebende zahlt immer drauf. Aber Du hast ja auch schon draufgezahlt, wenn ich nicht irre. Der Schmerz ist der Bruder jeder Neigung. Und das Glück zu lieben, das Unglück nicht geliebt zu werden, „die Lust und auch der Schmerz" – darin hast Du, was wir *das Leben* nennen. Reife ist Wachstum, und wachsen tut weh.

Meine liebe Kleine, Du tust mir ehrlich ein bißchen leid. Darf ich doch sagen, nicht? Es kommt natürlich zum Teil daher, daß Du so empfänglich bist für Exotisches[4], so neugierig auf die überraschende Variante, so unbefangen aber auch, vorurteilslos und – verzeih – naiv. Naivität ist ja nicht blöde Torheit. Sie kann etwas sehr Produktives sein, und Du weißt, daß ich das Naive in Deiner Malerei besonders mag – so wie wir beide den Zöllner Rousseau[5] und die Grandma Moses[6] mögen, und ich würde wirklich gern die Collagen[7] von Jean Christoph einmal sehen.

Die Haitianer sind eins der unglücklichsten Völker dieser Erde; einer der ältesten äußerlich unabhängigen Negerstaaten, aber von eigenen schwarzen Tyrannen nicht weniger schlecht behandelt als von den französischen Kolonialherren. Ich weiß nicht zu sagen, ob die künstlerischen Fähigkeiten der Haitianer trotz oder wegen ihrer politischen Unfähigkeiten so groß sind. Der aus der Geschichte bekannte Mangel an politischem Talent in unserem deutschen Volke, verglichen mit unseren geistig-wissenschaftlichen Leistungen, ist wohl ein ähnliches Phänomen.

Jean Christoph hat sicherlich Sinn für solche Gedanken, wenn er, wie Du sagst, ein leidenschaftlich politisch engagierter Künstler ist. Mir ist völlig klar, daß dieser junge Mann Dich sofort interessierte, ja faszinierte[8]. Woher nun das Gefühl der Fremdheit? Müßten wir uns nicht umgekehrt wundern, daß so viel geistiges

Verständnis füreinander sofort möglich war? Denn es sind doch nun einmal Welten, die zwischen einem schwarzen Kariben und einer Deutschen liegen.
Was für Welten? Ach Tochter, *die Menschheit* ist sicher ein wohlklingendes Programm, eine erhabene Idee, vielleicht auch nur ein großer Raum – eine Realität ist sie nicht. Rassen und Klassen, Geschichte und Denkungsart, Sprache und Erziehung, ja Humor und Geschmack können so ungeheuer voneinander verschieden sein. In einer Ehe erschweren gegensätzliche Lebensgewohnheiten, ja ein unterschiedlicher Sinn für Witz und Ironie jede dauernde Gemeinsamkeit.
Natürlich ist es andrerseits keine Garantie für eine harmonische Verbindung, wenn Hans und Grete womöglich aus demselben Nest stammen, sagen wir Krähwinkel. Es ist zum Beispiel eine böswillige Erfindung, daß Negerschweiß besonders übel rieche. Quatsch. Gewaschene schwarze Haut riecht garantiert besser als ungewaschene weiße. Und umgekehrt. Und wieviele weiße Herrenmenschen sind offenbar recht gern schwarzen Sklavenmädchen recht nahegetreten; woher kämen sonst die Millionen von milchkaffeebraunen Negern in aller Welt.
Sexuelle Eifersucht spielt eine große Rolle im gesamten Rassenkonflikt. Die schwarze Rasse ist unter den vier, die man der Hautfarbe nach unterscheidet, wohl die sinnlichste. Deshalb sind weiße Frauen auf schwarze Mädchen und weiße Männer auf schwarze Männer zumeist latent[9] eifersüchtig. Das erklärt nicht alles, aber manches.
Ich glaube, daß Roy Dich liebte – als Mädchen und als Weiße. Ich vermute, daß es bei Jean Christoph ähnlich ist. Da Du in beiden Fällen wohl Sympathie und Neugier, nicht aber richtige Neigung empfindest, mußt Du Deine andersrassigen Verehrer doppelt enttäuschen. Gut wäre es, wenn Du die Angelegenheit im persönlichen Bereich ordnen könntest. Die „Diskriminierung", die in jedem „Korb"[10] liegt, die muß ein junger Mann ertragen lernen. Wegen der Rasse und Hautfarbe von dem geliebten Wesen „diskriminiert" zu werden, stelle ich mir viel schlimmer vor.
Ein Abwehrgefühl dem allzu Fremden gegenüber ist natürlich. Was wäre Liebe ohne Vertrauen, Zutrauen, Nähe, Geborgenheit? Zärtliches Ineinanderruhen ist sehr erschwert, wo immer erst eine Schwelle der Fremdheit überschritten werden muß. Vielleicht legt sich das alles mit den Jahren; kann ich nicht beurteilen. Aber die Ehe ist ein so ungeheuer kühnes Unternehmen; man sollte ihm von vornherein möglichst viele Chancen einräumen, und die Fremdheit als Folge von so verschiedenartigem Herkommen ist mit Sicherheit keine Chance, sondern ein Handikap[11]; ein zusätzliches zu all den normalen Ehe-Handikaps, als da sind . . .
Aber das wäre ein neuer Brief. Ganz ehrlich: Du „darfst" selbstverständlich einen Neger „mit nach Hause bringen", auch heiraten. Wir würden die soziale Entrüstung[12] ganz Krähwinkels mit Fassung tragen. Man kann nicht für die Aufhebung aller Rassenschranken eintreten, und wenn's ernst wird kneifen[13]. Entscheidend ist Dein eigenes Leben. Ich wünsche Dir einen Mann nicht, um „glücklich zu

werden". Unsinn, wer wird schon glücklich. Aber einen Mann, der bei Dir ist, wenn Du ihn brauchst, für den Du auch noch mit vierzig und sechzig zärtliche Zuneigung empfinden kannst; mit dem Du so gute Kinder haben wirst, wie ich sie mit Deiner Mutter haben durfte; der Dir etwas gibt, nicht nur sexuell – Dir etwas zu sagen hat, ein ganzes Leben lang.

Wenn ein junger Mann, der Dich heiraten will, auf die Idee käme, Deinen alten Vater zu fragen, würde ich den Herrn vor allem mit der Warnung erschrecken: „Sie sind sich doch im klaren darüber, daß Sie dieses Mädchen verlieren, wenn Sie es langweilen; auch Liebe hilft da nichts."

Tochter, Du weißt, daß ich Dich nicht für eine verwöhnte dumme Gans halte. Aber Du hast den Blick seitlich in die Dinge hinein, magst schräge Perspektiven, hast einen Sinn für Zwischentöne. Wer dafür keinen Nerv hat, der wird Dich ungeduldig machen, den läßt Du hinter Dir.

Halt mich auf dem laufenden über „ihn" und schneide die Lunte[14] besser entschlossen durch, ehe sie das Pulverfaß erreicht. Trink vorher einen doppelten Cognac, mir hat das manchmal geholfen.

Aber, na ja, Du bist ein Mädchen. Ach ja, das bist Du wirklich.

Dein Vater

aus: *Thilo Koch, Briefe aus Krähwinkel, Deutsche Verlagsanstalt, Stuttgart 1973*

Worterklärungen

[1]	frustriert	in seinen Erwartungen enttäuscht
[2]	unheilvoll	bedrohlich, gefährlich
[3]	integriert	*hier:* rassisch gemischt
[4]	exotisch	fremdländisch
[5]	Henri Rousseau	(1844–1910), französischer naiver Maler, bis 1884 Zollbeamter
[6]	Anna Mary („Grandma") Moses	(1860–1961), amerikanische naive Malerin, begann mit 75 Jahren zu malen
[7]	e Collage, -n	Bild, das aus verschiedenen Materialien zusammengestellt wurde
[8]	faszinieren	begeistern, eine fesselnde Wirkung ausüben
[9]	latent	verborgen, unbewußt
[10]	r Korb, es, ¨e	ein Mädchen lehnt die Freundschaft mit einem jungen Mann ab: sie „gibt ihm einen Korb"
[11]	s Handikap, -s	Hindernis, Nachteil
[12]	e Entrüstung (o. pl.)	Empörung, Zorn
[13]	kneifen	*(ugs.)* aus Angst einem Problem ausweichen
[14]	e Lunte, -n	Zündschnur

Fragen zum Textverständnis

1. Wer schreibt den Brief? An wen ist er gerichtet?
2. Wie erscheint das Verhältnis zwischen Absender und Adressat im Brief?
3. Was will der Absender erreichen?
4. Mit welchen Mitteln sucht er es zu erreichen? Ist sein Weg erfolgversprechend?
5. Der Autor, Redakteur der angesehenen Wochenzeitung „Die Zeit", hat diesen Brief in der vorliegenden Form erfunden, wenngleich die zugrundeliegende Beziehung zwischen Vater und Tochter der Wirklichkeit entspricht. Wie erklären Sie sich das breite Interesse, das die „Briefe aus Krähwinkel" beim Leserpublikum gefunden haben?

Zur Diskussion gestellt

1. Möchten Sie einen Mann wie den Briefschreiber als Vater haben?
2. Was halten Sie von Thilo Kochs Behauptung „die Menschheit ist sicher eine erhabene Idee – eine Realität ist sie nicht"?
3. Würden Sie dem Mädchen denselben Rat geben wie ihr Vater?
4. Stimmen Sie dem zu, was der Autor über den Sinn einer Ehe sagt?

Übung zur Festigung des Wortschatzes

Welche der rechts angegebenen Worterklärungen ist richtig? Klären Sie die Frage aus dem Textzusammenhang.

1 Dilemma (Z. 5)
    a) Streitgespräch
    b) Zwiespalt
    c) Angst

2 diskriminieren (Z. 13)
    a) schlechter als andere behandeln
    b) zurückhaltend behandeln
    c) auszeichnen vor anderen

3 draufzahlen (Z. 22)
    a) Verlust erleiden
    b) noch etwas bezahlen
    c) nachher bezahlen

4 Variante (Z. 29)
    a) artistisches Theater
    b) Gegenteil
    c) abgewandelte Form

5 erhaben (Z. 50)
    a) altertümlich
    b) feierliche Stimmung bringend
    c) lange vorhanden

6 Geborgenheit (Z. 76)
    a) Heimlichkeit
    b) Gefühl der Sicherheit
    c) Leihverkehr

7 verwöhnt (Z. 97)
    a) gewohnt
    b) durch Wohnen abgenutzt
    c) hohe Ansprüche stellend

8 Nerv (Z. 99)
    a) Wahrnehmungsvermögen
    b) Geduld
    c) Freude

Übung zum Verständnis des Textes

Ordnen Sie mit Hilfe des Textes die Sätze gleicher Bedeutung einander zu.

1. Ich rate dir ab, diesem Feuer Nahrung zu geben.
2. Reife ist Wachstum, und wachsen tut weh.
3. Du bist empfänglich für Exotisches.
4. Naivität kann etwas sehr Produktives sein.
5. Gut wäre es, wenn du die Angelegenheit im persönlichen Bereich ordnen könntest.
6. Es erschwert deine Liebe, wenn du erst eine Schwelle der Fremdheit überschreiten mußt.
7. Du magst schräge Perspektiven.

a) Was einen fremdartigen Zauber hat, zieht dich an.
b) Andersartigkeit behindert zärtliche Nähe.
c) Du solltest dich nicht noch mehr faszinieren lassen und die Beziehung fortsetzen.
d) Du ziehst es vor, tiefer in das Wesen der Dinge einzudringen.
e) Nur durch schmerzliche Erfahrung kann sich der Charakter eines Menschen entwickeln.
f) Kindliche Einfachheit führt oft zu fruchtbaren Leistungen.
g) Du solltest deinem Freund klarmachen, daß es nur an deinen Gefühlen liegt, daß du ihn nicht heiraten willst.

Übung zur Idiomatik

Der Brief enthält
a) Redewendungen, die den Adressaten zum Handeln auffordern; b) Anreden, welche zum Adressaten eine Beziehung herstellen.
Beispiele zu a):
Ich rate dir ab / wie wäre es / erkläre ihm / gut wäre es
zu b):
wie du richtig vermutest / ich darf dir heute sagen / wie du dich besser erinnern wirst als ich / meine liebe Kleine

Suchen Sie weitere Beispiele zu a) und zu b).
Verfassen Sie einen Brief, in dem die ältere Schwester (der ältere Bruder) dem verliebten Mädchen Ratschläge erteilt, und verwenden Sie dabei Redewendungen der oben genannten Art.

21 Das Geschenk

Belästigt? antwortete die Frau dem Polizeibeamten. Natürlich, ich bin weitergerückt, bis an den Rand der Bank, habe gedacht, was hat so einer im Park zu tun, um vier Uhr nachmittags, mit einem Kind an der Hand, warum ist er nicht in der Arbeit, dazu ist er doch hergekommen, und was soll das überhaupt, wenn immer noch mehr von ihnen ihre Weiber und Kinder mitbringen? Ja, das habe ich gedacht, wie man eben denkt. Aber belästigt? Er fragte ganz höflich: Erlauben Sie, daß wir uns setzen? Mir fiel auf, daß er unsere Sprache besser redet als die meisten von ihnen. Er führte das Kind an der Hand, ein kleines Kind, nicht älter als ein Jahr. Es war viel zu warm angezogen, mit einem Pullover und einem gestrickten Höschen, dabei war doch ein warmer Tag. Das Kind also ließ er los, aber es lief nicht weg, sondern kauerte[1] vor ihm, spielte mit Kieselsteinen. Er? Er saß still, sah hinunter auf das Kind. Wir schauten beide dem Kind zu. Ich, wissen Sie, habe nie Kinder gehabt, erst war mein Mann im Krieg und Gefangenschaft, dann hatten wir keine Wohnung, kein Geld, dann wurde ich krank, und auf einmal war man zu alt. Nein, es geht mir gut, seit zwei Jahren bin ich Witwe, ich habe eine Rente, bei schönem Wetter gehe ich oft in den Park. Man macht sich seine Gedanken. Immer hat man gewartet, daß etwas kommen wird, etwas, wie soll ich sagen, etwas Entscheidendes; und es ist ja auch viel geschehen, Krieg und Bomben, Hunger und die Jahre nachher, als es uns wieder besser ging, aber es war doch nie das, worauf wir gewartet haben, und plötzlich ist man alt, ist Witwe, sitzt im Park.

Ja, natürlich war er es, der zu sprechen anfing. Er sagte: Es ist ein schönes Kind, nicht wahr? Und da mußte ich lachen. Davon hat man ja gehört, wie sie dort unten vernarrt in ihre Bambsen[2] sind.

25 Er saß da, die Hände verschränkt[3], und sagte: Es ist ein schönes Kind. Und ich lachte und sagte: Ja, es ist hübsch. Und so artig, sagte er. Es ist immer folgsam, obwohl es noch so klein ist.

Ich sagte Ihnen ja, er redete besser Deutsch als alle anderen, das war auch der Grund, warum ich – also warum ich anfing, neugierig zu werden. Sonst kennt man
30 ja nur zwei Sorten von ihnen: entweder sie arbeiten als Tonnenmänner, am Bau oder in den U-Bahnschächten, stehen in abgetretenen Schuhen vor dem Bauführer, der schreit sie an: Du nehmen Schaufel und gehen da hinüber, aber schnell! Und sie, sie gurgeln ein paar Brocken[4] hervor, niemand versteht sie, es ist auch egal, zu sagen haben sie sowieso nichts, nur zu arbeiten. Das sind die einen. Und
35 die anderen, die haben schwarze Schnurrbärte und dunkle Anzüge, haben Frauen, die mit Schmuck behängt sind, sitzen in Hotelhallen oder in Lokalen, wo unsereiner nicht hinkommt, schikanieren[5] die Kellner und geben große Trinkgelder. Aber so oder so, das sind keine Menschen, mit denen man zu tun haben möchte.

Bei ihm war das anders. Er redete in ganzen Sätzen, hatte nicht dieses dumme
40 Grinsen wie einer, der etwas sagen will und nicht sicher ist, ob du ihn verstehst. Er war ordentlich angezogen, mit einem weißen Hemd, und er roch nicht einmal nach Knoblauch oder Hammelfleisch. Er sah traurig aus, niedergeschlagen.

Ich wollte ihn aufmuntern, ihm etwas sagen, was ihn freuen würde. Ein hübsches Kind, sagte ich noch einmal. Und eine Haut wie Marzipan. Es ist ein Junge, sagte
45 er. Er heißt Jüssef. Das ist dasselbe wie Josef. Er hat einen Namen, den es hier gibt und auch bei uns. Er ist hier geboren.

Haben Sie noch größere Kinder? fragte ich.

Nein, sagte er. Zu Hause, da haben sie große Familien, aber hier – wissen Sie, wir haben nur ein Zimmer, und die Hauswirte vermieten nicht gern an Ausländer mit
50 Kindern.

Einmal, sagte ich, kommen Sie zurück in die Heimat.

Wir haben dort einen Bauernhof, sagte er. Das heißt, mein Bruder hat ihn, und das Land gehört nicht wirklich uns, das Land gehört einem Bey, das ist ein Chef, ein großer Herr, wissen Sie. Mein Bruder muß ihm Pacht zahlen. Von dem, was
55 übrig bleibt, kann mein Bruder leben, mit seiner Familie. Wenn ich zurückgehe und der Jüssef wird groß, dann muß er sich wieder Arbeit suchen, dann muß er anfangen, wie ich angefangen habe.

Jetzt, dachte ich, kommt seine Lebensgeschichte. So sind sie, du darfst ihnen den kleinen Finger nicht geben. Aber ich blieb doch sitzen. Nur um ihn abzulenken,
60 sagte ich: Er ist ein bißchen warm angezogen, der Kleine.

Ach, sagte er. Sie verstehen etwas von Kindern. Sie sind eine Oma. Wie viele sind es denn?

108

Wie viele? Dann verstand ich. Nein, sagte ich, ich habe keine Enkelkinder, ich bin keine Oma.
Aber Ihre Söhne? fragte er. Wollen die keine Kinder?
Ich habe keine Söhne, sagte ich.
Macht nichts, sagte er, Töchter sind auch ganz gut.
Und ich: Töchter habe ich auch nicht.
Er legte die Hände flach auf die Knie, schüttelte den Kopf: Keine Söhne, keine Töchter. Sie sind doch eine gute Frau! Hat Ihr Mann keine haben wollen?
Doch, sagte ich, er wollte schon; er wäre auch ein guter Vater geworden. Und Sie? fragte er. Wollten Sie keine Kinder?
Ich habe mir oft eins gewünscht, sagte ich. Es hat eben nicht sein sollen. Da! dachte ich. Erst versucht er, dir sein Herz auszuschütten, und jetzt läßt du dir selber Fragen stellen, über Sachen, die niemand etwas angehen, gibst noch Antwort: einem Fremden, einem Gastarbeiter, einem Türken. Wenn dein Mann dich hören würde! Und da, ich dachte schon mehr an mich selber als an ihn, da hat er gesagt:
Ich schenke Ihnen das Kind.
Wie? fragte ich.
Das Kind, wiederholte er. Ich schenke Ihnen das Kind.
Mein guter Mann . . .! versuchte ich ihm zu erklären. Aber er unterbrach mich.
Zuerst war ich Bauarbeiter, sagte er. Nur, ich hatte den Vorteil, daß ich schneller Deutsch lernte als die anderen, da behielt mich der Polier[6] bei sich, ich mußte übersetzen, was er den anderen Türken zu befehlen hatte.
Einmal, auf der Baustelle, sagte er zu mir: Du sollst ins Büro kommen, sie haben Schwierigkeiten mit einem von deinen Landsleuten. Im Büro war einer von uns, der wollte Urlaub, weil seine Frau zu Hause krank war, aber er wollte wissen, ob sie ihn wieder nehmen würden, wenn er zurückkam. Ich übersetzte, er bekam seinen Urlaub, nach ein paar Tagen wurde ich wieder gerufen, und dann immer öfter.
Ich kam voran und verdiente Geld, deshalb bin ich vor zwei Jahren heimgefahren und habe Bahar geheiratet. Bahar ist meine Frau.
Als er von seiner Frau sprach, hat er mich erwartungsvoll angesehen. Er hat sogar für einen Augenblick aufgehört zu reden, als wollte er mir Zeit lassen, ihm zu gratulieren.[7]
Das ist alles sehr schön, sagte ich und stand auf. Aber jetzt muß ich heimgehen.
Aber das Kind, sagte er. Ich habe Ihnen doch das Kind geschenkt!
Was denn? fragte ich. Glauben Sie im Ernst, daß ich es nehme?
Sie sind doch eine gute Frau, sagte er, und Sie haben sich immer ein Kind gewünscht.
Aber doch nicht Ihr Kind, sagte ich. Und überhaupt, man kann doch nicht einfach sein Kind an fremde Leute . . .

109

Die Firma ist pleite[8], sagte er. Sie brauchen keine Türken mehr, auch keinen
Dolmetscher. Etwas anderes finde ich nicht, Sie wissen, wie es jetzt steht in der
Bauindustrie. Bahar kann nicht für uns verdienen, sie ist so jung, sie versteht die
Sprache nicht, sie fürchtet sich hier. Und wenn ich zurückgehe, wo bin ich dann?
Auf dem Dorf, wo das Land gerade für meinen Bruder reicht.
Das ist sehr traurig, sagte ich, aber irgendein Ausweg findet sich schon.
Ohne Arbeit keine Aufenthaltsbewilligung, sagte er. Mir tut Bahar leid, die hat
dann einen ganz armen Mann, daheim im Dorf. Aber der Junge, der ist doch hier
geboren, wenn er hierbleibt, ist er fast wie ein Deutscher, er kann in die Schule
gehen und später selbst Polier werden oder technischer Zeichner oder sogar
Architekt.
Aha, sagte ich und fing an wegzugehen.
Er bückte sich, hob das Kind auf und lief hinter mir her.
Sehen Sie, sagte er, wir würden ihn besuchen, sobald es geht. Wir haben ihn ja
lieb, er ist doch unser Kind. Und wenn es wieder besser wird in der Bauindustrie,
dann können wir wiederkommen. Natürlich bleibt er trotzdem Ihr Kind, weil ich
ihn einmal an Sie verschenkt habe. Ich meine nur, wir sind immer für ihn da, für
Sie auch, und in zehn oder fünfzehn Jahren, wenn Sie wirklich alt sein werden,
haben sie jemand, der sich um Sie kümmert, eine richtige Familie.
So? fragte ich und ging schneller.
Sie sollten es doch nicht umsonst machen, sagte er. Aber wenn wir jetzt zurückgehen und er wächst dort auf – Sie wissen nicht, wie es ist, arm zu sein, vielleicht
kommt er dort nie mehr heraus.
Hören Sie doch auf! schrie ich. Man kann sein Kind nicht verschenken. Man kann
auch nicht einfach ein Kind zu sich nehmen. Mit der Polizei würde ich zu tun
bekommen, mit dem Jugendamt!
Die Polizei? fragte er. Hat Ihnen die Polizei ein Kind geschenkt, als Sie sich's
wünschten? Und wenn Sie alt sind und allein, was nützt Ihnen die Polizei? Sehen
Sie, ich habe zweitausend Mark gespart, das reicht eine ganze Zeit für ein so
kleines Kind. Es ist ja nicht gesagt, daß es lange so schlecht bleibt in der Bauindustrie, vielleicht zwei oder drei oder vier Jahre. Was sind vier Jahre für jemand in
Ihrem Alter? Aber das Kind wächst in vier Jahren auf und lernt die Sprache, kann
in die Schule gehen und klug und tüchtig werden wie die anderen.
Stellen Sie sich vor: Ich laufe durch den Park und er hinter mir her, mit dem Kind
auf dem Arm. Ich hatte mein dunkles Kostüm an, kam gerade vom Friedhof,
wahrscheinlich war ich rot im Gesicht, Leute drehten sich nach uns um, jedenfalls
bildete ich mir das ein: Was soll das, eine ältere Frau in Trauer, und einen halben
Schritt hinter ihr ein junger Türke mit einem kleinen Kind? Was sagen Sie? Er hat
mich also doch belästigt? Ja, wie man es nennen will. Mir fiel einfach nicht ein, wie
ich ihm seine verrückte Idee ausreden sollte.
Wenn es besser wird, hat er gesagt, dann kommen wir zurück, dann kann ich

wieder arbeiten, wir bringen Ihnen monatlich Geld für das Kind. Ich brauche Ihr
Geld nicht, sagte ich, man kann mit Geld nicht alles machen, auch hier bei uns
nicht.
Es ist nicht nur wegen dem Geld, sagte er, es ist, weil Sie dann das Kind haben, Sie
sind nicht mehr allein, ohne Söhne und Töchter.
Jetzt waren wir aus dem Park heraus, waren dort, wo der Park an den Karlsplatz[9]
grenzt.
Es ist doch ein schönes Kind, sagte er, und Sie werden sehen, wie lieb es ist.
Und endlich ein Gedanke: Ja, sagte ich, es ist ein hübsches Kind, aber viel zu
warm angezogen. Damit Sie sehen, daß ich nichts gegen das Kind habe: Wir gehen
hinüber ins Kaufhaus und kaufen ihm etwas Leichtes, Hübsches. Aber nachher
nehmen Sie's und bringen es zu seiner Mutter.
Über den Karlsplatz kannst du gehen, du bist sicher in der Menge, und im
Kaufhaus wird man über Rolltreppen in die Stockwerke geschaufelt, wer weiß
denn, wer zu wem gehört? Erst die Verkäuferin, eine Dürre mit grauen Haaren,
guckte komisch.
Er ist wohl sehr anständig? fragte sie. Und ich: Anständig? Ja. Weil Sie dem Kind
was schenken, sagte sie.
Sie brachte ein Spielhöschen und ein Trikothemd mit kurzen Ärmeln. Ich finde es
toll, sagte sie, daß Sie sich um so ein Kind kümmern. Arbeitet der Vater für Sie?
Ich weiß nicht, warum mich die Frau so reizte. Sehe ich aus wie eine Arbeitgeberin? fragte ich. Er will mir das Kind schenken.
Sie hätten sehen sollen, wie ihr Kinn herunterklappte. Was? sagte sie. Und so was
nehmen Sie an? Ich dachte: Ziege! Was kostet das Zeug? fragte ich, und zur
Kasse, die Rolltreppe hinunter, wieder hinaus auf den Platz.
Und jetzt, sagte ich zu dem Türken, wo wohnen Sie?
Ich? fragte er. Warum denn?
Wegen dem Kind, sagte ich.
Es gehört doch Ihnen, sagte er.
Wie denn? fragte ich. Haben Sie gedacht, Sie können es mir so übergeben, ohne
nichts? Haben Sie den Geburtsschein dabei? Und obwohl ich für die Kleider
zuviel ausgegeben hatte, winkte ich einem Taxi. Also wohin? fragte ich.
Im Auto wenigstens war er still. Als wir vor seinem Haus ausstiegen – Sie wissen,
wie solche Häuser aussehen –, trat er von einem Fuß auf den anderen. Es ist
nämlich so, brachte er heraus, ich bin mit dem Kind weg, meine Frau weiß nicht,
was ich vorhabe.
Sie darf es auch nicht wissen, sagte ich.
Wenn Sie, sagte er, mit hinaufkommen und es ihr erklären.
Aber, sagte ich, sie versteht mich doch gar nicht.
Dann eben nur so, sagte er. Sie kommen hinauf und trinken Kaffee mit uns, echten
türkischen Kaffee.

111

Klar, er hatte Angst. Ich hätte ihn stehenlassen sollen, zurück ins Taxi steigen, wegfahren. Warum ich trotzdem mitgegangen bin? Was weiß ich?

Sie kennen solche Häuser: Holztreppen und gußeiserne Geländer, Dreck, abgetretene Stufen, Flecken an der Wand, Zettel mit Reißnägel an die Türfüllungen geheftet, drei, vier, fünf Zettel an einer Tür, dahinter leben sie, aber wie leben sie eigentlich, man macht sich sonst keine Gedanken darüber, sieht sie immer nur mit der Schaufel in der Hand oder hinten auf dem Tonnenwagen. Türen also und ein dunkles Treppenhaus.

Im vierten Stock dann durch die Tür. So ist das also: ein Bett, ein Tisch, Gaskocher mit zwei Brennern, Kleider an Haken, kein Schrank, Linoleum mit Blasen und abgetretenen Flecken. Sauber? Die Wände sind grau, man braucht für Gastarbeiter nicht anstreichen zu lassen. Eine Fotografie: alter Mann mit Schnurrbart, und ein Kissenbezug, schwarzer Samt, bunt mit der Maschine bestickt: eine Moschee.

Sie? Als wir kamen, war sie im Nachthemd, in einem langen, hochgeschlossenen Ding aus Flanell. Wie alt? Siebzehn? Achtzehn? Die Haut hat sie noch selbst wie das Kind, hellbraun wie Marzipan. Sie also ihn sehen, auf ihn zu, ihm das Kind weggerissen und angefangen zu reden, ach was denn, zu reden, ich verstand doch nichts, gleich bringt sie ihn um, dachte ich, oder mich, und recht hätte sie ja. Nur weg wollte ich, aber die anderen kamen schon die Treppe herauf, Frauen, Kinder, Männer, zur Tür herein, drängten mich weiter ins Zimmer, schnatterten[10], schrien, rissen die Augen auf.

Und er: daß sich jemand so verändern kann! Läßt Kopf und Arme hängen, schluckt, bringt nichts heraus, sieht auf einmal so aus, wie man sie kennt, so zerknittert, so demütig, so als könnte er nichts sagen als: Ja, Chef, Gleich, Chef, Weiß nicht, Chef.

Was sagen Sie? Die Frau hatte mit Nachbarn geredet, jemand war zur Polizei gelaufen? Was konnte ich denn wissen? Ich dachte nur, du mußt raus und geh doch, bevor sie dir was tun. Aber dann traute[11] ich mich wieder nicht, bis endlich Ihre Kollegen kamen, die zwei Polizisten von der Wache. Was? Die Verkäuferin? Am Präsidium angerufen: Eine Frau mit einem Kind, das ihr ein Türke geschenkt hat? Das sieht ihr ähnlich! Hat sie wirklich geglaubt, ich will es behalten?

Ja, ich bin mit den Polizisten gegangen. Und er? Was sagen Sie: So etwas ist strafbar, auch wenn man es nur versucht? Woher soll denn so einer das wissen? Wenn er hierherkommt und lebt eine Zeitlang bei uns, dann findet er sich doch überhaupt nicht mehr zurecht, dort unten nicht mehr und hier noch nicht. Sie können ihm nicht helfen? Ja, wer kann ihm denn helfen? Ich doch auch nicht! Sie nicht und ich nicht.

Warum eigentlich nicht?

aus: *Herbert Schmidt-Kaspar, Das Geschenk, Herder Verlag, Freiburg 1978*

Worterklärungen

1	kauern	sich auf die Fersen setzen
2	die Bambsen	*(ugs.)* kleine Kinder
3	verschränken	ineinanderfügen
4	r Brocken, -s, -	*(pl.)* einzelne Wörter
5	jdn. schikanieren	jdm. böswillig Schwierigkeiten machen
6	r Polier, -s, -e	oberster Bauarbeiter
7	gratulieren	Glück wünschen
8	pleite	*(ugs.)* zahlungsunfähig
9	Karlsplatz	zentraler Platz in München
10	schnattern	sehr schnell viel reden
11	sich trauen	Mut haben

Fragen zur Interpretation

1. Diese Kurzgeschichte hat die Form eines erfundenen Dialogs.
   a) Wer sind die Gesprächspartner?
   b) Wessen Gesprächsanteil wird hier wiedergegeben?
   c) Woher wissen wir dennoch über die Äußerungen des anderen Partners Bescheid?
   d) Wo findet der Dialog statt?
2. Erklären Sie die Überschrift.
3. Charakterisieren Sie die Witwe. Wie stellt sie sich dem Leser im ersten Teil dar, wie verändert sie sich im Laufe der Erzählung?
4. Charakterisieren Sie den Gastarbeiter, untersuchen Sie seine Handlungsmotive.
5. Wie spiegelt sich die Lage der Gastarbeiter in dieser Erzählung? Wie wird das Verhalten der Deutschen zu ihnen gekennzeichnet?
6. Die Sprachform ist die einer einfachen Frau, und doch werden gerade so die wesentlichen Aspekte des Gastarbeiterproblems sichtbar. Untersuchen Sie das anhand der letzten 7 Zeilen.
   Der letzte Satz ist ein Appell – an wen ist er gerichtet?

Zur Diskussion gestellt

1. Gefällt oder mißfällt Ihnen diese Geschichte? Liegt es am Inhalt, am Stil, an der Darstellungsform, an der Absicht des Autors?
2. Ist das gewählte Thema wichtig?
   Was wissen Sie über die Situation der ausländischen Arbeiter in der Bundesrepublik? Ist die Darstellung in dieser Geschichte wirklichkeitsnah?

3. Welche Änderungsvorschläge würden Sie dem Verfasser machen?
4. Gäbe es einen Gerichtshof, dem der Fall vorläge, wen würden Sie anklagen (den Polizisten, den Gastarbeiter, die Witwe, die Verkäuferin, die Baufirma oder wen sonst)?

Übung zur Festigung des Wortschatzes

Entscheiden Sie, ob die jeweilige Worterklärung richtig oder falsch ist. Im letzteren Fall soll die richtige Erläuterung gesucht werden.

belästigen	– beladen
Baracke	– leichte Holzhütte
Rente	– Einkommen aus einer Versicherung
artig	– von besonderer Art
Tonnenmann	– Arbeiter der Müllabfuhr
gurgeln	– laut sprechen
grinsen	– dumm oder schadenfroh lächeln
Pacht	– Miete für ein Grundstück
Kostüm	– Rock
Wache	– Polizeidienststelle

Übung zum Sprachverständnis

Schreiben Sie in einfachen Formulierungen auf, was die folgenden Aussagen bedeuten.

Z. 24: Sie sind vernarrt in ihre Bambsen.
Z. 58–59: Du darfst ihnen den kleinen Finger nicht geben.
Z. 74: Er versucht, dir sein Herz auszuschütten.
Z. 92: Ich kam voran.
Z. 217: Das sieht ihr ähnlich!
Z. 221: Er findet sich überhaupt nicht zurecht.

22 Fahr' mit mir den Fluß hinunter

Fahr' mit mir den Fluß hinunter
in ein unbekanntes Land,
denn dort wirst Du Leute sehen,
die bis heute unbekannt.
Sie sind nett und freundlich,
doch sie sehen etwas anders aus
als die Leute, die Du kennst bei Dir zu Haus'.
Sie sind grün, und wenn wir vorübergeh'n,
dann tu bitte so, als hättest Du die Farbe nicht geseh'n.
Sie sind grün, und sie glauben fest daran,
daß die Farbe der Haut nichts über uns sagen kann.
Ja, es gab mal eine Zeit, es ist wohl hundert Jahre her,
da gefiel wohl diesen Leuten ihre Farbe gar nicht mehr.
Sie beschlossen, sich zu färben, um mal besser auszuseh'n,
denn die grüne Haut sei wirklich nicht mehr schön.
Sie sind grün, doch sie malten sich rot an,
denn sie wußten nicht, ein roter Mann ist bald ein toter Mann.
Sie sind grün, und sie wurden sehr bald klug,
denn zum Sterben ist rot nun wirklich nicht schön genug.
Nun versuchten sie's mit gelb,
doch das hielt auch nur ein paar Jahr',
denn mit Fingern zeigte man auf sie
und sprach von gelber Gefahr.
Sie berieten sich, und kurz darauf,
da fragte Frau und Mann,
ja warum man nicht mal schwarz versuchen kann.
Sie sind grün, doch als sie sich schwarz gefärbt,
hatten sie das Joch[1] der Sklaverei schon lange mitgeerbt.
Sie sind grün, und man hat sie bald belehrt,
alle Freiheit der Welt ist Schwarzen nun mal verwehrt.
Kurz bevor sie resignierten[2], waren sie zum Schluß bereit,
ihre Haut zu bleichen[3], denn das war die letzte Möglichkeit.
Doch es änderte sich nichts, war man als Weißer noch so lieb,
man war andrer Völker Ausbeuter[4] und Dieb.

35 Sie sind grün, doch jetzt finden sie das schön,
   und sie tragen es mit Stolz,
   es ist gleich jedem anzuseh'n,
   sie sind grün, und sie haben rausgekriegt[5],
   es ist wirklich nicht gut, wenn man sich nur selbst belügt.

Knut Kiesewetter, Fahr' mit mir den Fluß hinunter (Langspielplatte), © 1972 by Peer Musikverlag, Hamburg 1972

Worterklärungen

[1] s Joch, -e	gebogenes Holz, das über die Stirn oder den Nacken von Zugtieren gelegt wird, die mit Gewalt auferlegte Last
[2] resignieren	seine Bemühungen aufgeben; sich in eine negative Lage fügen, weil man nicht mehr hofft, sie verändern zu können.
[3] bleichen	weiß machen
[4] r Ausbeuter, -s, –	wer andere für sich ausnützt
[5] rauskriegen	*(ugs.)* erfahren, feststellen

Fragen zur Interpretation

1. Was erfahren wir über Wesensart und Aussehen der Bewohner des fiktiven „unbekannten" Landes?
2. Warum soll der Reisende die Hautfarbe der Bewohner übersehen?
3. Warum wollten sie anders aussehen?
4. Welche Erfahrung machten sie, als sie sich rot, dann gelb, dann schwarz gefärbt hatten?
5. Sie wurden verachtet und diskriminiert. Worauf war das zurückzuführen?
6. Warum brachte auch das Bleichen der Haut keine Besserung? Auf welche Erscheinungen unserer Zeit spielt der Autor damit an?
7. Warum löst die Rückkehr zur grünen Hautfarbe das Problem?
8. „Ein roter Mann ist ein toter Mann", „gelbe Gefahr", die „Schwarzen" sind unreif für die Freiheit, die „Weißen" sind Ausbeuter anderer Völker: solche klischeehaften Behauptungen, die ohne ausreichende Sachkenntnis von Nichtmitgliedern der diskriminierten Gruppen verwendet werden, nennt man Vorurteile. Wie entstehen sie, wie äußern sie sich?

Zur Diskussion gestellt

1. Bringen Vorurteile gegenüber fremden Gruppen irgend jemandem einen Nutzen?

2. Welche Voraussetzungen müssen geschaffen werden, um Vorurteile abzubauen?
3. Ist es in jedem Fall verkehrt, verallgemeinernde Feststellungen über Angehörige fremder Völker, Kulturen u. dgl. zu treffen?
4. Was halten Sie davon, das Thema Rassenvorurteile in einem Song abzuhandeln?

Übung zur Synonymik

Setzen Sie jeweils das richtige Wort ein.

a) (sich)ändern – wechseln
1. Durch das Bleichen der Haut .... nichts.
2. Er .... die Farbe, so sehr erschrak er.
3. Dieses Kleid paßt mir nicht, man muß den Saum ....
4. Sie .... die Schuhe, da sie einen Waldspaziergang machen wollte.
5. Bei uns .... nicht viel.

b) ander(s) – verschieden
1. Die Leute am Unterlauf des Flusses sehen .... aus.
2. Zu diesem Thema habe ich eine .... Meinung (als du) = Wir beide sind .... Meinung.
4. Dieses Grün und dieses Grün sehen ganz .... aus (= sie sind nicht gleich).
5. Die beiden Brüder sind sehr ....

c) kennen – wissen
1. Die Leute am Fluß sehen anders aus, als die Menschen, die wir ....
2. Sie .... nicht, welche Gefahren ihnen drohen.
3. Sie .... diese Gefahren nicht.
4. .... Sie zufällig ihre Adresse?
5. Ich .... zwar, wo er wohnt; aber ich persönlich .... die Gegend auch nicht.

d) Bilden Sie Sätze aus folgenden Wörtern, und fügen Sie entweder „gefallen" oder „gern + Verbum" hinzu.
1. Leute, Hautfarbe, nicht mehr
2. Leute, Fluß, hinabfahren
3. Kein Mensch, verspottet werden
4. Grünen, singen, lustige Lieder
5. Reisende, die Fahrt auf dem Fluß

Wohnen im Wandel

23 Das klassische Großstadtmodell[1]

Eine manchmal lange historische Entwicklung und ein verhältnismäßig stetiges[2] Wachstum haben Gesicht und innere Gliederung vieler europäischer Großstädte geprägt[3]. Der alte Stadtkern ist heute zum Stadtzentrum[4], der sogenannten City, geworden. In ihm befinden sich das Hauptgeschäftsviertel (Sitz der Banken,
5 Versicherungen, Industriekonzerne und Warenhäuser), die Regierungs- und Verwaltungsgebäude und die Zentren[4] religiösen, geistigen und kulturellen Lebens (Dom, Universität, Oper, Theater und Museen). Geschäfte für anspruchsvollere Kunden, Hotels und Restaurants schließen sich an.

Ein zweiter Ring um den Stadtkern wird von bürgerlichen Wohnvierteln mit
Einzelhandelsgeschäften und Dienstleistungsbetrieben[5] gebildet, die meist auf die
Bedürfnisse dieser Viertel abgestimmt sind. Das können z. B. Wäschereien, Tischler- und Autoreparaturwerkstätten oder Reisebüros sein. Kirchen, Schulen, Kinos
und Vergnügungsstätten runden diesen Stadtgürtel ab.
Umschlossen wird die „reine" Wohngegend vom Industriegürtel, der mit Arbeitersiedlungen und Geschäften für den täglichen Bedarf (z. B. Bäcker, Fleischer,
Supermarkt) durchsetzt ist. Wegen des relativ großen Lärms und des Schmutzes
der Fabriken ist der Wohnwert dieser Gegend gering.
An die Industriezone schließen sich die Vorortsiedlungen an. Hier ist das Einfamilienhaus der vorherrschende Haustyp. Reichere Grünflächen in diesem Gürtel
machen ihn zum städtischen Naherholungsgebiet, zur grünen Lunge der Großstadt, aber auch in verstärktem Maß zum Neubaugebiet.
In diesen Vororten wurden in den letzten 5 Jahren nahezu drei Millionen neue
Wohnungen bezogen: eine lautlose Völkerwanderung aus den alten Baugebieten
in die Ränder von Städten. So ist z. B. in Hannover die Zahl der Einwohner in der
Innenstadt zwischen 1961 und 1970 um fast ein Viertel zurückgegangen, in
München hat jeder achte Bewohner die Stadtmitte verlassen. Es droht die Gefahr,
daß die Innenstädte veröden[6] und damit ihre Aufgabe als natürlicher Mittelpunkt
für das Leben der Bürger einer Stadt verlieren. Die Städte als Wohngemeinschaften zerfallen immer mehr in voneinander getrennte Vorortsiedlungen. Daher wäre
zu überlegen, wie das Stadtzentrum wieder zum Ort der Begegnung aller Bürger
einer Stadt gemacht werden kann.

nach: *Was wird aus unseren Städten?*, Zeitaufnahmen, Band 1, Geschichte für die
Sekundarstufe 1, Westermann Verlag, Braunschweig 1978

Worterklärungen

[1]	s Modell, -e	typische, beispielhafte Form
[2]	stetig	ständig, dauernd
[3]	prägen	kennzeichnen, formen
[4]	s Zentrum, Zentren	innerer Bereich, Mittelpunkt
[5]	r Dienstleistungsbetrieb, -s, -e	ein Unternehmen, das keine Waren produziert, sondern persönliche Arbeiten erledigt (Verkehr, Heilbehandlung, Beratung u. a.)
[6]	veröden	leer, verlassen werden

Erschließung des Inhalts

Überprüfen Sie aufgrund des Textes, ob die folgenden Behauptungen richtig oder falsch sind.

1. Das Aussehen vieler europäischer Großstädte ist das Ergebnis eines langfristigen Prozesses, in dem sie sich allmählich vergrößert haben.
2. Anstelle von „Stadt" gebrauchen die Deutschen heute oft das Wort „City".
3. Die Geschäfte findet man alle in der Innenstadt.
4. Die Fabriken sind an den äußersten Rand der Stadtregion gedrängt.
5. In der Stadtmitte findet man kaum mehr Wohnviertel.
6. Da es in Fabriknähe laut und schmutzig ist, finden es die Leute nicht so angenehm, dort zu wohnen.
7. Die meisten neuen Wohnhäuser findet man in den Vororten.
8. Aber ihre Freizeit verbringen die Städter dort nicht so gerne.
9. Viele Leute sind von Hannover nach München umgezogen.
10. In der Stadtmitte werden bald nur noch wenige Menschen wohnen.

Zur Diskussion gestellt

1. Die Verstädterung ist weltweit ein aktuelles Thema. Begrüßen Sie diese Entwicklung? Sollte man etwas dagegen tun (z. B. Zuzugstop für Städte, Entwicklungsprogramme für ländliche Gebiete, Anlage von Trabantenstädten)?
2. Schreiben Sie einen Brief an einen deutschen Freund, in dem Sie ihm Ihre Meinung zur Entwicklung der europäischen (also auch der deutschen) Großstädte erläutern.
3. Entwerfen Sie ein Interview, in dem ein deutscher Reporter einen Bürger Ihres Landes über die Entwicklung Ihrer Städte befragt.

Übung zur Festigung des Wortschatzes

Setzen Sie die folgenden Adjektive (bzw. Partizipien) jeweils an die richtige Stelle und fügen Sie – wo nötig – die richtige Endung hinzu.

bürgerlich, gering, inner, kulturell, religiös, stetig, verhältnismäßig (relativ), verstärkt, vorherrschend.

1. Die .... Wohnviertel liegen zwischen Zentrum und Industriezone.
2. Die in ihnen .... Geschäfte sind Lebensmittelläden für den täglichen Bedarf.
3. Ihren .... Bedürfnissen dienen nahe gelegene Kirchen.
4. Um ihre .... Interessen zu pflegen, müssen Bewohner allerdings in die Theater und Museen der Innenstadt gehen.

5. Da sich die City feindlich gegenüber privaten Wohnbedürfnissen verhält, wandern die verbliebenen Bewohner .... in die Vororte ab, wo man noch .... leicht Wohnungen finden kann.
6. Zwar bemühen sich die Stadtverwaltungen ...., die .... Stadtgebiete durch Fußgängerzonen und Wohnstraßen wieder bürgerfreundlich zu machen, aber vorläufig noch mit .... Erfolg.

Übung zur Satzbildung

Aus den folgenden Stichwörtern sind Sätze zu bilden. Achten Sie dabei besonders auf die Stellung des Verbs; Präpositionen, Artikel u. ä. sind einzusetzen.

1. prägen, Charakter, junger Mensch, Erziehung, Elternhaus und Schule, entscheidend
2. suchen, Jugendlicher, Geborgenheit und Verständnis
3. deshalb, anschließen, gerne, Jugendgruppe
4. abstimmen, Mitglieder, solche Gruppe, Interessen, meistens, einander
5. abrunden, Wettkämpfe und Ausflüge, Gruppenprogramm
6. zurückgehen, leider, letzte Zeit, erheblich, Zahl der Jugendgruppen
7. auseinanderbrechen, viele Gruppen, Meinungsverschiedenheit, ihre Mitglieder

Wie drückt sich ein Fremdenführer aus?

Zeichnen Sie aufgrund des Textes den Plan einer modernen Großstadt. Sie können auch den Plan einer tatsächlich existierenden Stadt zur Hilfe nehmen. Und nun nehmen wir an, Sie seien Fremdenführer in einem Touristenbus. Sie haben das Mikrophon in der Hand und geben den Fahrgästen eine Erläuterung zu dem, was sie sehen. Beginnen Sie z. B. so:

„Meine Damen und Herren! Wir beginnen unsere Rundfahrt im Zentrum unserer Stadt, dem Marienplatz. Vor sich sehen Sie das Neue Rathaus aus dem Ende des vorigen Jahrhunderts. Hier befinden sich die wichtigsten Behörden der Stadtverwaltung. Östlich davon schließt sich das Alte Rathaus an, ein spätgotisches Bauwerk. Wenn wir nun die nächste Straße nach rechts einbiegen, gelangen wir zum Dom, der Hauptkirche unserer Stadt."

Fahren Sie in diesem Sinne mit Ihren Erläuterungen fort.
Nützliche Redewendungen: wir kommen jetzt zu, dahinter erhebt sich, vor uns liegt, daneben erstreckt sich, wir fahren nun an ... vorbei, achten Sie auf.
Weitere geeignete Formulierungen finden sich im Basistext.

24 Stirbt das Dorf?

Auf den Tagungen und Vortragsreihen, die im Rahmen des Denkmalschutzjahres[1] stattfinden, ging man meist über die Denkmalprobleme des ländlichen Raumes hinweg und wandte sich lieber der hohen Stadtbaukunst zu. In der Beispielsammlung von Sanierungsvorhaben[2] findet sich kein einziges Dorf.

Zwar begünstigte das zunehmende Umweltbewußtsein[3] die Denkmalpfleger und ihr Anliegen,[4] die überkommenen[5] Werte der gebauten Umwelt zu erhalten; doch denken die zuständigen Beamten dabei noch immer weniger an die Denkmalpflege auf dem Land. Dabei ist gerade das für viele Stadtbewohner schon selbstverständlich. Denn gerade in den Städten, in denen sich der Widerstand gegen die Zerstörung der Lebensumwelt am spürbarsten regt, beginnt man, dem Lande und seinen Lebensbedingungen ein verstärktes Interesse entgegenzubringen. Vieles ist nämlich auf dem Lande nicht in Ordnung.

Immer häufiger stören in die Landschaft gestreute Wochenend-Siedlungen den Eindruck einer intakten[6] Landschaft. Die engen winkeligen Dorfgassen sind zur Freude der Verkehrsplaner und der Autofahrer breiten Asphaltbändern gewichen, die zwar einerseits den Autoverkehr erleichtern, andererseits jedoch den Reiz der Ortslage vernichtet haben.

Aber nicht nur neue Bauweisen haben das harmonische Bild ländlicher Gegenden gestört, sondern auch neue Produktionsformen haben eine Veränderung der Landschaft zur Folge. Der „Strukturwandel", ein Schlüsselbegriff zum Verständnis unserer Industriegesellschaft, hat auch vor dem Lande nicht haltgemacht. Der Zwang zur Rationalisierung[7] und zur Steigerung der Konkurrenzfähigkeit drängte die Landwirtschaft zur Abkehr von herkömmlichen[5] Produktionsweisen.

Brachte der landwirtschaftliche Betrieb früher eine Vielzahl verschiedener Agrarprodukte hervor, gilt es sich nun auf die Produkte zu spezialisieren, welche die höchsten Erträge bringen. Anstelle einer bunten Vielfalt von Wiesen und von Feldern mit verschiedenen Früchten finden sich breite Flächen mit immer derselben Getreidesorte. Die alten Bauernhäuser genügen den Ansprüchen dieser Entwicklung nicht mehr; nüchterne Zweckbauten mit glatten Betonwänden treten an ihre Stelle.

Hinzu kommt ein oft falsch verstandener Modernismus. Da es keine Agrargesellschaft mehr gibt, sondern eine einheitliche Gesellschaft vom Allgäu bis zur Nordseeküste, die durch die gleichen Eigenschaften städtischer Zivilisationskultur gekennzeichnet ist, nimmt es nicht wunder, daß die Landbewohner nicht hinter den Städtern zurückstehen wollen. Der Gedanke, daß der ländliche Raum eigene Werte, auch kultureller Art, beinhaltet, kommt dabei kaum auf.

Im Gegenteil, die Menschen in den dörflichen Gegenden richten sich immer mehr nach den Wünschen der Stadtbewohner. Das zeigt sich am deutlichsten im Bereich des Tourismus. Um der wachsenden Bedeutung der Urlaubsgestaltung Rechnung zu tragen, werden häufig teure Erholungs- und Freizeitanlagen gebaut, die die Anziehungskraft des Ortes für den Fremden erhöhen sollen, aber gleichzeitig häufig gerade seinen besonderen ländlichen Charakter vernichten.

Es befassen sich inzwischen Forschungsvorhaben mit den Problemen und Folgen des Funktionswandels[8] im dörflichen Bereich, und es werden Wege gesucht, wie durch staatliche Maßnahmen die Lebensverhältnisse – und damit sind nicht nur die Einkommensverhältnisse gemeint – im ländlichen Raum verbessert werden können, ohne daß seine spezifischen Charakteristika verlorengehen.

Ulrich Schmidt, Stirbt das Dorf?, Bild der Wissenschaft, Oktober 1978

Worterklärungen

[1]	r Denkmalschutz, -es (o. pl.)	Aktionen zur Erhaltung von wertvollen historischen Bauwerken
[2]	e Sanierung, -en	bauliche Ausbesserung und Verbesserung der Bewohnbarkeit
[3]	s Umweltbewußtsein (o. pl.)	die Erkenntnis, daß unser Lebensraum vor Zerstörung (besonders durch die Technik) geschützt werden muß
[4]	s Anliegen, -	Wunsch, Bestreben
[5]	überkommen, herkömmlich	überliefert, aus der Vergangenheit erhalten
[6]	intakt	unberührt, heil, unverletzt
[7]	e Rationalisierung, -en	zweckmäßigere, einheitliche Verfahrensweise
[8]	r Funktionswandel, -s (o. pl.)	Änderung der Aufgaben

Erschließung des Inhalts

1. Wo bemühen sich die Fachleute um Erhaltung der historischen Bauten, wo wird diese Aufgabe vernachlässigt?
2. Warum und wo wird heute der Denkmalschutz besonders unterstützt?
3. Welche Baumaßnahmen stören die dörfliche Landschaft?
4. Welcher Wandel im Wesen der ländlichen Gesellschaft hat sich vollzogen?
5. Wie begegnet man diesen Problemen?

Zur Diskussion gestellt

1. Entwerfen Sie ein Referat zum Thema „Entwicklungstendenzen in der dörflichen Gesellschaft meines Heimatlandes".
2. Wie beurteilen Sie den im Text geschilderten Strukturwandel in der Bundesrepublik Deutschland (alternativ: den Strukturwandel in Ihrer Heimat)?
3. Liefern Sie Beiträge zu einer Debatte über das Thema: „Vergleich der Vorzüge des Lebens in der Stadt und auf dem Lande".

Was ist gemeint?

Stellen Sie fest, welches der nachfolgenden Wörter aus dem Text jeweils mit der untenstehenden Erläuterung (bzw. dem Synonym) gemeint ist.

Abkehr, Ertrag, Konkurrenz, Reiz, Schlüsselbegriff, Siedlung, Struktur, Wert, Widerstand, Umwelt

1. etwas von großer, geistiger, sittlicher oder finanzieller Bedeutung
2. unser Lebensbereich
3. Aufbau, Gefüge
4. Wettbewerb
5. Loslösung
6. zentrales, sinnerschließendes Wort
7. etw., das etw. anderes hervorruft, auslöst
8. Wohngebiet aus meist gleichartigen Häusern
9. Ergebnis einer Ernte
10. Gegenkraft

Fragen zu den Ausdrucksmitteln des Textes

1. Wer ist „man" im 1. Satz? Können Sie dieses Wort durch eine deutlichere Benennung ersetzen?
2. Was für einen Beigeschmack hat das Adjektiv „hoch" Z. 3? Welche Einstellung des Autors kommt dabei zum Ausdruck?
3. Das Wort „Beispielsammlung" hat den bestimmten Artikel. Welche (bestimmte) Beispielsammlung könnte gemeint sein?
4. Wessen Umweltbewußtsein nimmt zu? Welches Attribut ist also sinngemäß zu ergänzen? (Z. 5)
5. Wer ist „man" Z. 10? Können Sie dieses Wort durch eine deutlichere Benennung ersetzen?
6. Das Wort „Land" hat viele Bedeutungen: Staat, Acker, fester Boden etc. Was bedeutet es in diesem Text?
7. „einerseits" – „andererseits" sind Konjunktionen, die einen Gegensatz ausdrücken. Welches Gegensatzpaar haben wir hier? (Z. 16–17)

8. Die Phrase „ein Schlüsselbegriff zum Verständnis unserer Zeit" ist eine sogenannte Apposition, eine Beifügung im gleichen Kasus. In welchem Verhältnis steht sie zu dem Bezugsbegriff („Strukturwandel")? (Vgl. andere Beispiele für eine Apposition: Willy, der Bruder meines Freundes; München, die Weltstadt mit Herz.)
9. Der Satz Z. 24–25 enthält einen Gegensatz (früher – nun), dem Nebensatz fehlt die einleitende Konjunktion. Formulieren Sie ihn um, indem Sie eine passende Konjunktion verwenden.

Übung zur Idiomatik

1. Bilden Sie eigene Sätze, indem Sie folgende Verben – wie im Text – metaphorisch (im bildhaften Sinne) verwenden.
a) hinweggehen über b) sich einer Sache zuwenden c) weichen d) haltmachen e) zurückstehen

2. Bilden Sie eigene Sätze mit folgenden festen Verb-Substantiv-Verbindungen.
Widerstand regt sich, Interesse entgegenbringen, Ansprüchen genügen, wunder nehmen, Rechnung tragen.

3. Bilden Sie eigene Sätze, die Gegensätze ausdrücken. Verwenden Sie ähnliche Strukturen wie im Text.
man tat dies nicht und machte lieber; zwar – doch; statt; einerseits – andrerseits; früher – nun; keine – sondern; aber gleichzeitig.

25 Wie man stadtmüde Bürger wieder an die Stadt fesseln kann.

Mittags um 12 Uhr bot sich den Bewohnern der in der Münchener Innenstadt gelegenen Adalbertstraße bei einem Blick aus dem Fenster noch der gewohnte Anblick: dicht an dicht geparkte Autos der Anlieger, dazwischen drängte sich der lästige Durchgangsverkehr. 3 Stunden später war die Straße nicht wiederzuerkennen; grüne Inseln aus „Rollrasen"[1], gemütliche Sitzgruppen, farbenfrohe Blumenkübel[2] und leuchtende Pflastermarkierungen hatten die Fahrbahn in eine schmucke „Wohnstraße"[3] verwandelt. Zweck des spektakulären[4] Sandkastenspiels: Hausbewohner und Autofahrer sollten einen Tag lang eine neue Lebensform kennenlernen – das „Leben mit der Straße".

Warum war eine solche Aktion überhaupt nötig? Der enorme Kfz-Zuwachs der letzten Jahre und das zunehmende Bedürfnis der Menschen nach einer freundlicheren Umwelt zählen zu den Hauptursachen dafür, daß immer mehr Familien der Stadt den Rücken kehren und sich eine Wohnung im Grünen suchen – allein in München sind es jährlich 10 000. Um „draußen" neue Straßen, Abwässerkanäle usw. zu schaffen, muß die öffentliche Hand[5] für jede abgewanderte Familie bis zu 8000 Mark aufwenden. Es gilt also, die stadtmüden Bürger wieder an die Stadt zu fesseln.

Die Niederlande geben ein Beispiel, wie die Städter sich die Straße vor ihrer Tür als „Wohnhof" zurückholen. Aus Bonn fuhr deshalb der Bauminister mit Fachleuten ins Nachbarland, um zu erfahren, wie man aus vom Auto beherrschten Stadtteilen wieder eine Gegend macht, in der die „Wohnfunktion die Verkehrsfunktion beherrscht".

In 175 niederländischen Gemeinden werden mittlerweile Stadtteile zu „Wohnhöfen". Im „Wohnhof" darf jegliches Verkehrsmittel fahren, doch haben die Autos keine eigene Fahrbahn mehr. Die Straße gehört über die ganze Breite allen – zum Fahren, Gehen, Spielen, Sitzen. Parkplätze gibt es, wo sie am wenigsten stören; sie werden deutlich mit der Pflasterung markiert. Blumenbeete, Bäume, Kurven, Schwellen und ähnliche „Behinderungen" für Autofahrer verändertern den Charakter der Straße, so daß darin nur langsam und umsichtig gefahren werden kann.

In manchen dieser holländischen Städte bedeutet der Umbau teils den Abbruch altersschwacher Häuser, teils die Restaurierung[6] historischer Häuserzeilen. Die umgestaltete Straße mit ihren Neubauten soll ja der bisherigen ähneln.

Man läßt sich Zeit. Weil niemand durch Amtsentscheidung zum Mitmachen gezwungen werden soll, dachten sich die Stadtväter neue Formen der Verhandlung mit den Bürgern aus. Ein Beamter sucht in einer Straße, die zum „Wohnhof" umgestaltet werden soll, zunächst „Freunde", die wieder mit Nachbarn sprechen. Kleine Gruppen von Nachbarn kommen dann zu Gesprächen in das Bauamt.

In langjährigen Auseinandersetzungen mit den Bürgern haben es die Leute aus diesen Ämtern gelernt, nicht nur über die „Butterseite" eines Projekts zu reden. Sie nehmen kritische Fragen vorweg, indem sie gleich selbst die Nachteile nennen. Dazu gehören beim „Wohnhof" meistens die höheren Baukosten, aber auch die Mopedfahrer, denn die entdecken auf dem neuen Pflaster ein ideales Übungsfeld für das Kurvenfahren. Freilich auch: alles, was einer Wohnstraße Vorteile bringt, kehrt sich in den umliegenden Straßen ins Gegenteil um – dort nimmt der Verkehr zwangsläufig zu. Daher nützt die Umgestaltung einer einzigen Straße gar nichts; es müssen schon ganze Wohnviertel umgekrempelt werden. Und auch das funktioniert nur, wenn die umliegenden Hauptstraßen zusätzlichen Verkehr verkraften können. Bleibt die Frage: Wohin mit den ausgesperrten Autos? Auch da gibt es einen Lösungsvorschlag: sie sollen unter die Erde gebracht werden – in kleinere Tiefgaragen, die unter den Innenhöfen der Häuserblocks liegen sollen.

Alle diese Fragen werden in den Gesprächen der Baubeamten mit den Bürgern so lange erörtert, bis man sich auf ein Konzept[7] geeinigt hat. Erst danach gesellen sich die Architekten und Fachleute der Behörden hinzu, um den Bauplan zu erstellen. Während des Umbaus ziehen die Bewohner in Wechselwohnungen um. Anschließend kehren sie in die alte Nachbarschaft zurück, deren neues Gesicht ihnen wieder Freude am Leben in der Stadt gewähren soll.

nach: *ADAC motorwelt, August 1978 und Frankfurter Allgemeine Zeitung, 11. 2. 1978*

Worterklärungen

[1]	r Rollrasen, -s, -	aufgerollte Grasstücke, die man flach ausbreiten kann
[2]	r Kübel, -s, -	größerer runder Behälter
[3]	schmuck	hübsch, nett anzusehen
[4]	spektakulär	großes Aufsehen erregend
[5]	e öffentliche Hand (o. pl.)	Staat oder Gemeindeverwaltung
[6]	e Restaurierung, -en	Ausbesserung und Wiederherstellung
[7]	s Konzept, -e	umrißhafter Entwurf, vorläufige Fassung

Erschließung des Inhalts

Unterstreichen Sie jene Textstellen, auf die sich die folgenden Fragen beziehen; schreiben Sie die Nummer der jeweiligen Frage an den Rand des Textes.

1. Wie sah die Adalbertstraße als „Wohnstraße" aus?
2. Warum hat man sie verwandelt?
3. Warum ziehen die Städter in die Vororte?
4. Warum mißfällt dies den Stadtverwaltungen?
5. Mit welcher Leitidee wollen die Verantwortlichen den Trend in die Vororte umkehren?
6. Was ist typisch für einen „Wohnhof"?
7. Wie gehen die Behörden vor, um Stadtteile in Wohnhöfe zu verwandeln?

Zur Diskussion gestellt

1. Nehmen wir an, Sie haben die verwandelte Adalbertstraße gesehen: Schreiben Sie Ihre Meinung über die Idee „Wohnstraße" als Leserbrief an die „Süddeutsche Zeitung" in München.
   Mögliche Punkte Ihres Briefes: Was Sie gesehen haben, wie es Ihnen gefiel; was Sie vom Nutzen dieses Experiments halten; ob man viele Straßen in Wohnstraßen verwandeln sollte; was besser, anders gemacht werden sollte.

2. Ist der Plan, „stadtmüde Bürger wieder an die Stadt zu fesseln", auch aus der Sicht des Bürgers zu begrüßen? (Diese Frage kann im Gespräch oder als schriftliche Erörterung behandelt werden.)
3. Improvisieren Sie eine Szene „Nachbarn sprechen mit Amtsrat Müller vom Bauamt". Amtsrat Müller erläutert seinen Wohnhofplan, es gibt Nachbarn, die zustimmen, die dagegen sind, die Bedenken haben, die Alternativen vorschlagen.

Übung zur Festigung des Wortschatzes

Was bedeuten die folgenden Wörter? Geben Sie eine Erläuterung oder ein Synonym, oder verwenden Sie das jeweilige Wort in einem Satz, aus dem sich seine Bedeutung ergibt.

Beispiel: Innenstadt
Erläuterung: das Zentrum einer Stadt
Synonym: City
Satz: Immer mehr Leute ziehen aus der Innenstadt mit ihren Geschäftsvierteln weg in die Vororte.

1. Anlieger, 2. Durchgangsverkehr 3. Sitzgruppe 4. Blumenkübel 5. Pflastermarkierung 6. Sandkastenspiel 7. Kfz-Zuwachs 8. Abwasserkanal 9. Amtsentscheidung 10. Schwelle 11. Abbruch 12. Häuserzeile 13. Wohnfunktion 14. Projekt 15. Wechselwohnung

Übung zur Verwendung des Verbs

Folgende Verben sind (ggf. nebst Pronomen oder Präposition) an der richtigen Stelle in den Übungssätzen einzufügen:

ähneln, bieten, drängen, einigen, gesellen, gewähren, verwandeln, zählen

1. Als die Mutter die Tür des Kinderzimmers öffnete, ... ein überraschendes Bild.
2. Die Kinder saßen um den Tisch, dazwischen .... noch Bello, der Hund, und Pussi, die Katze.
3. Den Vorhang hatten sie .... ein Zelt ....
4. Ich kenne Rolf seit Jahren, er .... meinen besten Freunden.
5. Er ist lang und hager und .... sehr seinem Onkel Franz.
6. Wir haben .... eine gemeinsame Reise nach Berlin ....
7. Im Laufe unseres Gespräches .... noch mein Vetter Klaus .... unserer Gruppe.
8. Wir haben ihm Zutritt .... allen Räumen des Schlosses ....

Übung zur Erweiterung von Kernsätzen

Fügen Sie die in Klammern beigefügten Angaben in den Satz ein.
1. Der Sekretärin bietet sich dasselbe Bild (leider, täglich, beim Betreten des Büros).
2. Mein Freund war nicht wiederzuerkennen (drei Stunden später, jedenfalls, auf Anhieb).
3. Er hatte seiner Familie den Rücken gekehrt (vor kurzem, für immer, aus Protest gegen deren Konsumdenken).
4. Wir müssen 12 000 Mark aufwenden (für das Studium unserer Söhne, jedes Jahr).
5. Die einzelnen Fahrtrichtungen sind markiert (unmißverständlich, schon seit langem, auf den einzelnen Fahrbahnen).
6. Diese Landschaft ähnelt unserer heimischen (allerdings, erstaunlich, auf den ersten Blick).
7. Der Kandidat sucht Anhänger zu gewinnen (zunächst, im persönlichen Gespräch, für seine Partei).
8. Er kehrt in seine Heimat zurück (erstmals, nach zehnjähriger Abwesenheit, zu Verwandtenbesuch).

26 Vom Schlafzimmer zur Liegelandschaft

Als wir unser Schlafzimmer kauften, gab es noch keine Verführprospekte[1]. Wir schliefen gut in unseren neuen Betten. Aber jetzt ist alles anders. Zwischen damals und heute – so lesen wir in den Werbetexten der Bettenindustrie – hat die neue Wohnmode „ihren Siegeszug durch unsere Schlafzimmer angetreten und auch das Bett im Sturm erobert[2]". Seitdem ist das Bett kein Bett mehr, sondern ein „Schmuckstück", das verständlicherweise „zum Schlafen eigentlich zu schade ist". Die Bettenmacher wünschen ihren Kunden einen „stimmungsvollen Schlafraum zum Entspannen" und im Appartement das „Wohnschlafen[3] in vollendeter Harmonie". Dank „anspruchsvoller Schlafraumkultur" können die Heutigen „schlafen wie Gott in Frankreich", wozu ein „Bett mit hervorragendem, körpergerechtem Liegekomfort" gehört. Heutzutage gibt es „optimalen Schlafkomfort für alle, die das Repräsentative[4] lieben". Wer sich heute für eine „mustergültige Schlafraumlösung" entscheidet, erwirbt mit Sicherheit ein „traumhaftes Schlafzimmer", in dem „Träume wahr werden". Solch eine „Trauminsel" mit „wohltuender Liegebequemlichkeit" beschert ein „rund um die Uhr traumhaftes Erlebnis".

Unser schlichtes zweckmäßiges Schlafzimmer ist heute großspurig eine „Liegelandschaft", ja eine vollständige „Schlafanlage" nach dem Vorbild von Park- und Gartenanlagen. Dies alles verdanken die Heutigen einem „Schlafraumprogramm" im „Stil der neuen Wohnlichkeit". Für den „schlafverwöhnten" Kunden, der „stilvoll kultiviert" zu leben pflegt, soll das Schlafzimmer so wohnlich sein, „daß er sich auch tagsüber darin wohl fühlt". Unser Schlafzimmer von einst hat sich nämlich „zum Vielzweckraum gemausert[5]", sagen die Prospektmacher. Der kulturbewußte Kunde entscheidet sich „im Trend[6] der Mode" für ein „Luxuspolsterbett[7]" mit „fellweichem Kuschelbezug[8]", mit einem „traumhaften Blütenparadies" auf den Kissen- und Deckenüberzügen und mit „schmeichelweichen[9] und hautfreundlichen Bettüchern". „Dank bandscheibenfreundlicher[10] Gesundheitsmatratze", „barfußweicher Bettumrandung" und „künstlerischen Bettwäscheideen" erlebt er ein „sympathisches Schlafvergnügen" oder gar „das aufregendste Nachtleben zu Hause". So wird aus dem schlichten Bett von anno dazumal[11] ein Kulturgegenstand allerersten Ranges geschaffen. Ein völlig neues Schlafgefühl soll sich einstellen: man schläft in Schönheit und Kultur. Solch herrliche Dinge und Imponierwörter[12] kannte und nannte uns keiner, als wir unser Schlafzimmer erstanden. Es war uns damals peinlich genug einzugestehen, daß wir lediglich gut schlafen wollten; abgesehen von diesem Schlafbewußtsein hatten wir keine hohen Geltungsbedürfnisse[13]. Jetzt liegen wir da und haben keine Ruhe mehr. Wir schlafen zwar noch in unseren alten Betten – aber nur noch aus Trotz[14].

Heinz Küpper, Schlafsprache, Frankfurter Allgemeine Zeitung, 6. 8. 1979

Worterklärungen

[1]	verführen	jmdn. beeinflussen, etwas zu tun, was er eigentlich nicht wollte
[2]	im Sturm erobern	(Bild aus dem Kriegsleben:) etwas sehr schnell für sich gewinnen
[3]	s Wohnschlafen	Verwendung eines Ein-Zimmer-Appartements (= teuere Wohnung) zum Wohnen und Schlafen
[4]	repräsentativ	ansehnlich, wertvoll
[5]	sich mausern	(ugs.) sich zu etwas Besserem entwickeln
[6]	r Trend, -s (o. pl.)	Richtung einer Entwicklung, Tendenz
[7]	s Polster, -	dicker, weicher Belag von Liege- oder Sitzmöbeln
[8]	sich kuscheln	sich schmiegen, sich sanft legen und sich wohl fühlen
[9]	schmeicheln	*hier:* sanft berühren

[10]	e Bandscheibe, -n	elastische knorpelige Scheibe, die zwischen zwei Wirbeln der Wirbelsäule liegt
[11]	anno dazumal	vor langer Zeit
[12]	imponieren	Bewunderung hervorrufen
[13]	s Geltungsbedürfnis, -ses (o. pl.)	der Wunsch nach Ansehen, Anerkennung
[14]	r Trotz, -es (o. pl.)	Haltung, die – wie bei einem Kind – Widerstand gegen jmd. oder etw. ausdrückt, Eigensinn

Erschließung von Inhalt und Eigenart des Textes

1. Dieser Text ist kein nüchterner Sachbericht, sondern eine sogenannte Glosse; das ist ein spöttischer, ironischer Kommentar, im Feuilleton einer Zeitung. Was wird hier ironisch beleuchtet?
2. Die Überschrift enthält zwei Aspekte: den Wandel in den Verkaufsmethoden und den Wandel in der Schlafzimmergestaltung. Untersuchen Sie beide Formen der Veränderung.
3. Der Autor schläft nicht mehr ruhig. Inwiefern ist das auf die Methoden der Werbung zurückzuführen?
4. „Wir schlafen zwar noch in unseren alten Betten – aber nur noch aus Trotz". Was meint der Autor damit? Trotz wogegen?
5. Welche geheimen Wünsche werden durch die Reklameversprechungen angesprochen?

Zur Diskussion gestellt

1. Sollte man die „Verführprospekte" nicht verbieten?
2. Worauf würden Sie bei der Einrichtung einer Wohnung Wert legen?
3. Soll man auch bei seinen Möbeln der Mode folgen und sie von Zeit zu Zeit durch moderne ersetzen?

Übung zur Festigung des Wortschatzes

Der Text enthält eine Reihe von Wortbildungen, die typisch für die Werbesprache sind. Erklären Sie die folgenden Wortzusammensetzungen aus ihren Teilen.

Beispiel: Verführprospekte
Lösung: Prospekte, die den Kunden zum Kauf verführen wollen.

1. Siegeszug
2. Schlafraumkultur
3. Liegekomfort
4. mustergültige Schlafraumlösung
5. Trauminsel
6. Liegelandschaft

7. Schlafanlage
8. schlafverwöhnt
9. Vielzweckraum
10. kulturbewußt
11. Luxuspolster
12. fellweicher Kuschelbezug
13. hautfreundlich
14. Gesundheitsmatratze
15. barfußweiche Bettumrandung
16. Bettwäscheidee
17. Schlafvergnügen

Übung zum sprachlichen Ausdruck

Ergänzen Sie die fehlenden Wörter.

1. Unserem neuen Chef gefällt die bisherige Arbeitsweise nicht. Er will alles .... machen.
2. Dieses Hemd paßt mir nicht mehr, aber .... Wegwerfen ist es eigentlich zu ....
3. Dank .... Fortschritt der modernen Medizin ist Lungenentzündung fast immer heilbar.
4. Direktor Flamm erwarb eine Villa, ... ein Park und ein Swimming-pool gehören.
5. Ich kann mich weder .... das eine noch .... das andere entscheiden.
6. Die Bundesrepublik Deutschland .... ihren wirtschaftlichen Aufstieg .... freien Marktwirtschaft.
7. Sieh mal, der unbeholfene Junge hat sich aber .... einem gewandten jungen Mann ....
8. .... einer „mangelhaft" in Englisch ist Richard versetzt worden.

Übung zur Idiomatik

Verwenden Sie die jeweils richtige der folgenden idiomatischen Wendungen in den unten stehenden Sätzen, so daß der angegebene Sinn erhalten bleibt:

Träume werden wahr, rund um die Uhr, seinen Siegeszug antreten durch, (ein Herz) im Sturm erobern, leben wie Gott in Frankreich, im Trend der Mode, von anno dazumal.

1. Die Jeansmode hat begonnen, sich in ganz Europa zu verbreiten.
2. Dieser Koffer ist schon ziemlich alt.
3. In unseren Ferien bei Onkel Gustav ist es uns ausgezeichnet ergangen.
4. Diese Tankstelle ist zu jeder Tageszeit geöffnet.
5. Eng anliegende Hosen werden zur Zeit überall gekauft.
6. Rainer hat in kürzester Zeit die Zuneigung meiner Schwester errungen.
7. Ob dieser anscheinend unerfüllbare Wunsch vielleicht doch noch in Erfüllung geht?

27 Vorstadt

Nur noch zwei Bäume
Sind übrig vom
Hain der Egeria[1]
Nur noch zwei Lämmer
Von der großen Herde
Ein schwarzes
Ein weißes
Niemand
Sieht mehr am Abend
Die Zinnen[2] der Mauer
Rötlich
Vielstöckige Häuser
Kommen gelaufen
Stadther
Weiße mit blitzenden
Fenstern
Verschütten
Knaben auf
Knatternden
Zweirädern
Zahllose
Knaben
Ziehen ihre
Kreise aufrecht streng
Zügeln[3] die schwarzen
Zypressen die
Mückenteiche
Hohlwege[4] voll von
Blühendem Ginster.

aus: *Marie Luise Kaschnitz, Neue Gedichte, Claassen Verlag, Hamburg 1957*

Worterklärungen

Marie Luise Kaschnitz	1901–1974, Lyrikerin und Erzählerin, die im Geiste des klassisch-romantischen Erbes die Humanität gegen die Verfallserscheinungen unserer Zeit verteidigt

[1] Hain der Egeria   Egeria, die Quell- und Geburtsgöttin, traf sich in diesem Hain („Hain": gehobenes Wort für „kleiner Wald") vor den Mauern Roms mit König Numa

[2] e Zinne, -n   der oberste Rand einer Mauer (hier: der Stadtmauer von Rom)

[3] zügeln   zurückhalten, nicht frei gehen lassen

[4] r Hohlweg, -s, -e   ein Weg, der tief in die umgebende Landschaft eingeschnitten ist

Fragen und Hinweise zur Interpretation

1. Der *Ort* dieses Gedichtes ist eine Vorstadt von Rom mit Blick auf die Stadt.
   Frage: Können Sie die *Zeit* des Geschehens ungefähr angeben?

2. Zeile 1–3 sowie Zeile 4–7 geben zwei Beschreibungen: ein Bild aus der Pflanzenwelt, eines aus der Tierwelt, jeweils eingeleitet durch die Anapher „nur noch zwei".
   Fragen: Was für ein Zustand war früher? Wie hat er sich zur Gegenwart hin verwandelt? Wie steht die Dichterin zu diesem Wandel? Mit welchen sprachlichen Mitteln wird ihre Einstellung sichtbar gemacht?

3. Um die Jahrhundertwende noch hatte man vom Hain der Egeria einen ausgezeichneten Blick auf die Stadtmauern Roms. Die Römer machten gerne Ausflüge hierher, vor allem Maler trafen sich im Hain der Göttin.
   Frage zu Z. 8–10: Wie steht es heute mit der Fernsicht auf die Mauern Roms?

4. Die Zeilen 8–10 stellen gewissermaßen einen Höhepunkt der Vorstadt-Bilder dar. Beachte die Steigerung: (nur noch ... nur noch ... niemand), der Blick geht in Richtung Stadt und läuft von dort („stadther") wieder zurück.
   Frage zu Z. 11–14: Warum sieht man die Zinnen der Mauer nicht mehr, was sieht man stattdessen? (Farbe, Größe der Häuser)

5. Der Satz heißt nicht: es „stehen ... Häuser da", sondern sie „kommen gelaufen", das ist ein impressionistisches Bild. Mit sparsamsten sprachlichen Mitteln wird auf diese Weise deutlich gemacht, wie sich die gesamte Szene im Umherblicken der Dichterin vollzieht. Es gibt keine Trennung der Satzteile durch Satzzeichen. Ein Satz geht in den andern über: so wie ein Bild, das die Dichterin sieht, ins andere übergeht.
   Frage: Wo könnte man in den Zeilen 11–20 ein Satzzeichen einfügen?

6. „Weiße (Häuser) mit blitzenden Fenstern verschütten Knaben auf knatternden Motorrädern." Anstelle des ruhigen Hains der Göttin finden wir heute moderne Häuser, die lärmende Motorradfahrer „verschütten", also wahllos in die Gegend verstreuen.

Frage (zu Z. 17–25): Welche Verben – nach „kommen gelaufen" – setzen die Bewegung des dichterischen Bildes fort?

7. Frage: Welche Alliteration (gleichklingender Wortanlaut) findet sich in Zeile 18/19? Was ist ihre lautmalende Wirkung?
8. Die Alliteration von k und z setzt sich fort, bindet also das zweite Motorradbild („Zahllose Knaben ziehen ihre Kreise") an das erste. Auf diese Weise schieben sich aus den Kreisen der jungen Motorradfahrer in das Blickfeld der Betrachterin senkrecht aufragende schwarze Zypressen. Zeile 24 „Kreise aufrecht streng" enthält also beides: das Ineinandergleiten der Bilder und ihren Kontrast (Kreise – aufrecht).
Frage: Welches Landschaftsbild ergibt sich aus Zeile 24–27? Beschreiben Sie es mit eigenen Worten.
9. Frage: Inwiefern schließen die letzten Zeilen den Kreis des Gedichtes? (ähnliches Motiv wie am Anfang)
10. Das Gedicht enthält Bedauern über den Verlust von Umweltschönheit. Von diesem Hintergrund fällt auch ein Hauch von Bedauern auf die Schilderung der neuen technischen Welt (Hochhäuser, Motorfahrzeuge); allerdings bleibt deren Beschreibung sachlich, neutral.
Frage: Inwiefern werfen die letzten Zeilen ein versöhnliches Licht auf die Schilderung der Vorort-Szene?

Zur Diskussion gestellt

1. Wie gefällt Ihnen dieses Gedicht (Wortwahl, Verständlichkeit der Sätze, Behandlung des Themas, Aufbau, Rhythmus)?
2. „Die Stadt verdrängt die natürliche Landschaft." – Stimmen Sie dieser Auffassung von Marie Luise Kaschnitz zu, oder urteilen Sie anders?

Übung zur Festigung des Wortschatzes

Setzen Sie die folgenden Wörter in der richtigen Form an die richtigen Stellen (manche Wörter kommen zweimal vor).

übrig sein, Hain, Herde, Zinne, verschütten, knattern, aufrecht, zügeln, Teich, Mücke, Hohlweg, Ginster

1. Paß auf, damit du die Milch nicht ....!
2. Mein Großvater hat immer noch einen .... Gang.
3. Der .... hinter unserem Bauernhof ist nicht sehr tief; aber zum Baden reicht es.
4. Um zum Forsthaus zu kommen, muß man durch einen tiefen und steilen .... gehen.

5. Von dem Geld, das du mir gegeben hast, ... nichts mehr ....
6. Er zitterte so heftig, daß er ein halbes Glas Wein ....
7. Hinter dem Haus unserer Freunde in Griechenland steht ein hübscher .... mit Zypressen.
8. Bei uns gibt es sehr viele ....; gerade hat mich wieder eine gestochen.
9. Wenn wir das Pferd nicht .... können, läuft es uns davon.
10. Jeden Morgen treibt der Schäfer seine .... auf die Weide.
11. Erika ist unheimlich lebhaft; sie tut sich schwer, ihr Temperament zu ....
12. Der .... steht jetzt in leuchtend gelber Blüte.
13. Von den .... dieser alten Burg kann man weit ins Rheintal schauen.
14. Wenn du nicht schnell zugreifst, wird von dem Kuchen bald nichts mehr ....
15. Als der Wind stärker wurde, ... die Segel im Wind.

28 Am Stadtrand, wo ich wohne

Die Stadt[1] liegt unten im Tal und am östlichen Hang. Ihre hundertzwanzigtausend Einwohner leben in der engen Altstadt, im benachbarten, großzügigen Ostviertel, seitab[2] in den Siedlungen des sozialen Wohnbaus[3], in umgrünten Reihenhausvierteln oder in Dörfern, zehn Kilometer draußen im Land. Zu den zwei Warenhäusern, den beiden Theatern, der ausufernden Fußgängerzone und den achtzehn Kriegerdenkmälern, die von Langensalza[4] bis Stalingrad[5] nationale Geschichte spiegeln, kommt das neue Rathaus mit zwanzig Stockwerken, das seinen Schatten schon in die Einkaufsstraßen, über die Türken- und Studentenquartiere wirft.
Von den zwei Zeitungen aus der Mitte der sechziger Jahre ist nur die Lokalredaktion der einen übriggeblieben, und dem Stadtkern werden die schönen Fachwerkhäuser ausgebrochen wie einem alten Gebiß die mürben Zähne. Jenseits der Wälle soll der Gürtel der vierspurigen Schnellstraße, bisher ein Halbkreis, endlich geschlossen werden, während drinnen ganze Straßenzüge der sogenannten Flächensanierung[6] anheimfallen. Zum ersten Mal seit Wochen nimmst du den Weg wieder durch die enge, wohnliche Straße, und plötzlich sind um dich Weite und Licht. Aber was für Weite, was für Licht! Die Weite der Leere, das Licht der Fremde. Man muß sich nicht daran gewöhnen. Die Baubuden stehen schon; Umsatz und

Rendite[7] des Kommenden waren längst berechnet, da tapezierten die ahnungslosen Bewohner noch ihre Zimmer neu. Zwar haben vor einigen Jahren, als aus Bonn öffentliche Mittel zur Altbausanierung kamen, fast alle Gebäude der Hauptgeschäftsstraße einen Anstrich in leuchtender Farbe erhalten, zwar renoviert die Stadt jetzt eine Zeile von zehn Häusern hinter dem Markt, in denen Mieter noch 1977 ohne Bad und mit Hofklo gewohnt haben – aber was sind solche Unternehmungen gegen die lange Liste der Verluste? Und keine Anzeichen dafür, daß diese Liste demnächst geschlossen wird. Parkhaus, Warenhaus, Ärztehaus, Apartmenthaus sind zeitgemäßere Nutzungsformen zentraler Grundstücke.

Wer heute in den alten Häusern lebt, tut es auf Abruf: Ausländer, Studenten, Greise. Innenstadt als Durchgangslager. Kaum einmal lassen sich Familien auf lange Sicht hier nieder. Wo sollen die Kinder denn spielen? Die Schule in der übernächsten Straße, der kleine Laden um die Ecke, die lebenslange Nachbarschaft, wo ist das alles geblieben, seit die Stadt, vor dem Krieg, vierzigtausend Einwohner hatte und man wirklich in ihr lebte, den Handwerkern bei der Arbeit zusehen und abends vor der Tür stehen und mit den Hausgenossen und Nachbarn reden konnte, während die Kinder durch die Straßen, um die Ecken tobten? Heute ist der letzte stille Winkel von Autos verstellt, und die beiden Hauptstraßen haben sich in Haupteinkaufsstraßen verwandelt, wie überhaupt aus der Stadt etwas ganz anderes, nämlich eine Einkaufsstadt geworden ist. Der Stadtstreicher[8] August, der meinem kleinen Sohn manchmal ein Bonbon zusteckt und den ich oft im Lesesaal der Bibliothek sehe, eingenickt[9] über einem Band des Großen Brockhaus, Stichwort Alter, sagt auch, die Stadt, seine Stadt, habe sich in den letzten 30 Jahren stärker verändert als in den dreihundert Jahren davor. Dabei sind doch nur fünf Bomben gefallen. Und wir, fragt er dann mit erhobener Stimme, was wird aus uns? Ja, was?

Wer wir schon sind: Die Siedlung, in der wir wohnen, liegt weit von der Stadt, sechs Kilometer. Sie gleicht einer Insel; auf zwei Seiten wird sie von Autobahnen, auf der dritten von der Bahnlinie mit ihren dreihundert Zügen pro Tag begrenzt. Wie der Wind auch steht, man hört das eine oder das andere. Eine einzige Straße, die Autobahn überbrückend, führt in die Siedlung und aus ihr heraus. Das Viertel ist in den vergangenen acht Jahren auf die grüne Wiese, auf Äcker betoniert worden. Ringsum freies Feld. Abgestufte, bis zehn Stockwerke hohe und mehrere hundert Meter lange Häuserzüge. Breite, rechtwinklig sich kreuzende Straßen. Innenhöfe, so groß wie Fußballfelder. Autos über Autos. Wenn du da durchgehst, hast du nicht den Eindruck, das könne Heimat sein. Wenn du die öden Spielplätze, die Baumkarikaturen, die sinn- und nutzlosen Grasplätze vor dem Hintergrund der Wohnungen siehst, wenn du weißt, daß die vielen Kinder nur mit schmutzigem Sand spielen oder mit ihren Kettcars[10] auf und ab fahren können, daß sie, älter geworden, nicht viel mehr als der Fernseher erwartet, wenn dir bewußt ist, daß die Gestaltungsmöglichkeiten der Erwachsenen nicht über das kollektive Anlegen schräger Trampelpfade[11] zu den Haustüren hinausgehen, fragst du dich, was die Menschen, die hier für immer wohnen müssen, befähigt, eine solche Umgebung auszuhalten. Und was wird einmal aus den Kindern, die in diesen Siedlungen aufwachsen?

Klein-Chikago; so nennt man im Ostviertel auf der anderen Seite der Stadt, in den gepflegten Ein- und Zweifamilienhäusern mit den wunderbaren alten Bäumen vor dem Fenster und vor der Tür, dieses Neubaugebirge des sozialen Wohnungsbaus, dessen Quadratmeterpreise kaum niedriger sind als die Mieten guterhaltener Altbauwohnungen im Umkreis der Wälle. Wer wohnt hier? Das Industriegebiet ist zu Fuß zu erreichen. Nach vier, wenn die Betriebe Feierabend machen, rollen überfüllte Busse ins Viertel. Und von aller städtischen Prominenz hat sich ausgerechnet der Ratsherr der DKP[12] in solcher Umgebung niedergelassen.

Das könnten Zufälle sein. Aber Zufälle, die sich häufen, bilden das Material, aus dem sich Regeln ableiten lassen. Regeln vielleicht über den Zusammenhang zwischen Einkommen und Wohnform. Wer will so etwas genau wissen, wenn er mit aller Kraft arbeitet? Daher die Isolation in den Blocks, die Scheu vor Berührungen. Die Situation der Nachbarn kann die eigene Situation deutlich machen. Und die Abwehr, das Mißtrauen, wenn Fremde Fragen stellen. Oh, es geht uns gut. Es fehlt an nichts. Aber was denkt man, wenn man sonntags das Auto nimmt und ins Ostviertel rüberfährt und dort spazierengeht, vorbei an Einfamilienhäusern, die nie unter vierhunderttausend Mark gehandelt werden? Das frage ich mich.

Zwischen den letzten Blocks und der Autobahn ist vor vier Jahren eine Reihe einfacher Bungalows[13] gebaut worden. Hier wohne ich. Von hier aus sehe und erlebe ich das Viertel, von hier aus beschreibe ich es auch; die Menschen in den Hochhäusern und die unmittelbaren Nachbarn in ihren Bungalows mit hundertfünfzehn Quadratmeter Wohnfläche, von denen stets dreiundvierzig auf das Wohnzimmer, je zehn auf die beiden Kinderzimmer kommen. Haus an Haus auf kleinen Grundstücken. Fußwege zu den Eingängen. Weißgekalkte Mauern. In den Vorgärten hier ein Weißdorn, dort ein Sandkasten. Eine Bank neben der Haustür. Stockrosen. Nachmittags die Kinder, mit Rollern, Schaufeln, Pappkartons, mit Kreide und Fingerfarben. Die Mütter, die Väter stehen dabei, die meisten Anfang bis Mitte dreißig, Lehrerinnen, Wissenschaftler, leitende Angestellte, Geschäftsleute. Man erzählt sich was, viele duzen sich. Beinahe wie auf dem Dorf, soll eine Besucherin gesagt haben. Aber über allem der Lärm der Autobahn, die keinen Steinwurf weit entfernt ist. Und es gibt keinen Horizont. Man sieht nur die weißen Wände, die Gehwegplatten, die Büsche, die Kinder, den Himmel. Keine Landschaft, man ahnt noch nicht einmal die nahen Hochhäuser, deren Bewohner übrigens nie zwischen unseren Häusern spazierengehen. Auch die Kinder, die Halbwüchsigen[14] halten sich fern. Einem Fremden muß das wie eine nach innen gewendete Idylle erscheinen.

Hier wohnt der Angestellte des Kulturamtes, der unsere Kinder zum Weinen bringt, indem er ihnen mit scharfer, gepreßter Stimme den öffentlichen Rasen hinter seinem Haus verbietet. Kaum ist für ihn am Freitagnachmittag um drei der Dienst zu Ende, geht sein Klopfen, Sägen und Bohren los, das wir auch sonnabends und sonntags hören. Zuerst hat er die Betonplatten der großen Terrasse gegen Waschbeton[15] ausgetauscht, dann waren Klinker[16] doch schöner; anschließend wurde der Vorgarten asphaltiert und ein Schuppen[17] gebaut; jetzt täfelt er alle Zimmerdecken mit Kiefernholz. Ich kann nicht ruhig sitzen, was soll ich machen, hat er lächelnd gesagt.

Im nächsten Haus wohnt der Prokurist[18] mit den stillen, intelligenten Töchtern, der so stolz auf seinen auch im August noch dunkelgrünen Rasen ist. Vorige Woche hat er in der Augenklinik das Urteil gehört: beginnende Netzhautablösung. Die sozialen Sicherungen sind ja gut und schön, sagt die Frau, als wir uns an den Mülltonnen treffen, aber wie soll ich es mit ihm aushalten, wenn er bald den ganzen Tag im Wohnzimmer rumsitzt.

Sind wir das, ist von uns die Rede? Wir haben uns an den Stadtrand gedrängt und drängen lassen. Wenn wir in den Spiegel gucken, wissen wir nicht, wessen Gesicht wir sehen. Erstaunen. Erschrecken. Mein Kinn ist ja ganz schmal. Was ist denn mit meiner Nase los? Und von unseren Träumen ist auch nichts zu erkennen. Das sollen wir sein? Sehen wir wirklich so aus, oder machen wir nur zufällig eine Grimasse[19], oder ist mit dem Spiegel etwas nicht in Ordnung? Irgendwann sind über dieser Frage vielleicht die Tage und Jahre vergangen, und die Antwort interessiert uns nicht mehr. Davor habe ich Angst.

Guntram Vesper, Am Stadtrand, wo ich wohne, Frankfurter Allgemeine Zeitung, 30. 9. 1978

Worterklärungen

Guntram Vesper	geb. 1941, Gedichte, Kurzprosa, Roman „Nördlich der Liebe und südlich des Hasses", Hörfunkpreis der ARD
[1] die Stadt	es handelt sich hier um Göttingen, eine alte Universitätsstadt südlich von Hannover nahe der Grenze zur DDR
[2] seitab	etwas entfernt
[3] r soziale Wohnungsbau	vom Staat finanziell geförderter Hausbau
[4] Langensalza	Kreisstadt (17 000 Einwohner) im Bezirk Erfurt (DDR). Am 29. 6. 1866 kapitulierte die Armee der Hannoveraner bei Langensalza vor den Preußen

5	Stalingrad	in dieser russischen Stadt wurde 1943 eine große deutsche Armee vernichtet (Wendepunkt des 2. Weltkrieges)
6	e Flächensanierung	anstelle enger Straßen mit schlechten alten Häusern werden breite Straßen mit modernen Häusern gebaut
7	e Rendite, -n	Gewinn aus angelegtem Kapital
8	r Stadtstreicher, -s, -	einer, der sich, ohne feste Wohnung, meist durch Betteln ernährt
9	einnicken	für kurze Zeit einschlafen
10.	r Kettcar, -s, -s	Spielauto, welches ein Kind durch Treten von Pedalen fortbewegt
11	r Trampelpfad, -s, -e	schmaler Weg, der durch Hin- und Hergehen entstanden ist
12	r Ratsherr der DKP	kommunistischer Abgeordneter im Stadtparlament
13	r Bungalow, -s, -s	einstöckiges Haus mit Flachdach und meist mit Garten
14	r Halbwüchsige, -n, -n	Jugendlicher
15	r Waschbeton, -s (o. pl.)	Beton mit Verzierungen
16	r Klinker, -s, -	hartgebrannter Ziegel
17	r Schuppen, -s, -	einfache Hütte zum Aufbewahren von Geräten
18	r Prokurist, -en, -en	höherer Angestellter in einer mittleren Firma; er darf für die Firma Geschäfte abschließen
19	e Grimasse, -n	verzerrtes Gesicht

Erschließung des Inhalts

In folgendem lesen Sie Überschriften zu den einzelnen Textabschnitten. Stellen Sie fest, zu welchen Abschnitten diese Überschriften jeweils gehören.

a) Unklarheit über die Situation der Menschen in der Neubausiedlung
b) Die Bewohner der Innenstadt einst und jetzt
c) Welche Leute wohnen in „Klein-Chikago"?
d) Der rastlose Angestellte des Kulturamtes
e) Überblick über Wohngebiete und wichtigste Einrichtungen Göttingens
f) Wandel im Stadtbild
g) Lage der Siedlung
h) Aussehen der Siedlung
i) Zweifel über die eigene Identität
j) Der erkrankte Prokurist

Zur Diskussion gestellt

1. Dieser Text ist eine feuilletonistische Beschreibung, d. h. eine mit dichterischer Anschaulichkeit der Sprache und mit persönlichen Erlebnissen gestaltete Beschreibung. Nennen Sie Textbeispiele, die über einen reinen Sachtext hinausgehen.
2. Kann der Autor sein Anliegen verdeutlichen, finden Sie seine Schreibweise ansprechend?
3. Teilen Sie seine kritische Sicht der Entwicklung der Wohnverhältnisse?

Übung zur Festigung des Wortschatzes

1. *Sammeln Sie alle im Text enthaltenen Wortverbindungen, in denen das Substantiv „Stadt" enthalten ist, und erklären Sie deren Bedeutung.*
   Suchen Sie noch weitere Wörter, die zur Wortfamilie „Stadt" gehören.
   Beispiel: Stadtrand
   Erklärung: äußeres, eine Stadt begrenzendes Gebiet
2. *Ermitteln Sie alle im Text enthaltenen Ausdrücke, die zum Bedeutungsbereich „Wohnen" gehören (soweit nicht schon in Übung 1 gesammelt.)*
   Beispiele: Einwohner (jmd., der fest an einem Ort wohnt); Ostviertel (im Osten gelegener Stadtteil); Siedlung (Stadtteil, der aus meist gleichartigen Häusern besteht)

Stellen Sie Fragen zu diesem Text

Ein Reporter, der Guntram Vespers Feuilleton gelesen hat, sucht den Autor auf, um ihn über dieses Thema zu interviewen. Welche Fragen könnte der Reporter stellen?
Beginnen Sie etwa so:

R: Guten Tag, Herr Vesper, Sie wohnen seit vier Jahren am Stadtrand von Göttingen. Könnten Sie unseren Lesern (Hörern, Zuschauern) etwas berichten über die Lage dieser Stadt?
V: Die Stadt liegt ... zehn Kilometer draußen im Land. (Z. 1–4)
R: Welche besonderen Bauten hat Göttingen?
V: Zu den zwei Warenhäusern ... über die Türken- und Studentenquartiere wirft. (Z. 4–8)
R: Und was kann man über die baulichen Veränderungen im Stadtkern sagen?

Übung zur Idiomatik

In folgendem findet sich eine Reihe von Adverbialausdrücken aus dem Text. Bilden Sie Sätze mit diesen Ausdrücken und den in Klammern angegebenen Wörtern.

Beispiel: mit aller Kraft (Z. 74) (Senator Kahl, Beschluß über dieses Bauprojekt, zu verhindern suchen)
Lösung: Senator Kahl suchte mit aller Kraft einen Beschluß über dieses Bauprojekt zu verhindern.

1. aus der Mitte (Z. 9) (Teppich, voriges Jahrhundert, stammen)
2. zum ersten Mal (Z. 14) (gestern, neue Rathaus, sehen)
3. auf Abruf (Z. 27) (einige Ersatzkräfte, immer, bereitstehen)
4. auf lange Sicht (Z. 29) (diese Maschine, unseren Ansprüchen, nicht genügen)
5. um die Ecke (Z. 34) (meine Eltern, wohnen, gleich)
6. zu Fuß (Z. 68) (das Haus meines Freundes, nur, erreichen können)

Reisen: Erholung oder Abenteuer?

29 Lieber Urlaubsplaner,

sicher ist Ihnen der Urlaub die kostbarste Zeit des Jahres. Für wenige Wochen frei sein von den täglichen Pflichten. Abstand gewinnen. Das kann man durch Entspannung und Freude. In Spiel und Sport an einem schönen Strand oder in den Bergen. Das kann man auch und bisweilen nachhaltiger, indem man zu sich selber kommt. Zu sich selber kommen - das ist: sich und seine Voraussetzungen in der Welt begreifen. Nichts verhilft einem mehr dazu als reisen, um anderen Menschen, Völkern und Rassen zu begegnen. Natur und Lebensraum zu erfahren, die sie prägten. Ihre Städte und Dörfer, ihre Weltsicht und Gestaltungskraft. Ihre Kunstwerke und Heiligtümer, in denen sich ihr Wesen offenbart. Ihre Überlieferungen und Bräuche, ihre Feste und Tänze, ihre Probleme und Lösungen. Aber auch reisen, um einzigartigen Naturwundern nahezukommen. Für eine Weile im "ganz Anderen" leben. In den Tropen oder in der Tundra. Da, wo die Natur noch Herrin ihrer selbst ist. Auf abenteuerlichen Wegen lassen Sie das Geplante hinter sich. So erwächst Ihnen nicht nur Einsicht, sondern auch Freude.

Jede unserer Reisen gleicht einem überlegt ausgewählten Menü mit vielen Gängen. Bei einem Festessen werden Sie nicht von jedem gleich viel essen. So ist auch das Programm jeder unserer Reisen nicht ein Pensum, das zu absolvieren ist. Aber wir bieten Ihnen das Beste und Schönste. Und Sie greifen zu - entsprechend Ihrem Appetit. Unser Reiseleiter, mit Land und Leuten, Natur und Kultur aufs engste vertraut, ist Ihr jederzeit bereiter Helfer. Der Interpret des Schönen und Bedeutenden, das Sie erwartet. Soweit Sie es wünschen und er Ihnen nützlich ist.

Wir legen Ihnen einen Ganzjahresprospekt 1974 vor. Er umfaßt alle unsere Städte-, Studien- und Fernreisen bis 1. Oktober 1974. So können Sie schon jetzt in Ruhe Urlaubsdispositionen für 1974 treffen. Wir haben dem Routing der einzelnen Reisen eine kurze Zusammenfassung vorangestellt. Sie deutet das Charakteristische der Zielräume und Aspekte Ihres Erlebens unterwegs an. Mir scheint es übertrieben, wenn Jean Paul sagt: "Nur reisen ist Leben, wie das Leben reisen ist". Aber es ist doch sehr viel Wahres dran. So wünsche ich Ihnen viele Reise- und Entdeckerfreuden.

Herzlichst Ihr

Reinhold Tigges
und mein Team

Urlaubsmotive der deutschen Bundesbürger

sind im wesentlichen die Bedürfnisse nach Erholung und Ruhe, nach Abwechslung und Ausgleich und der Befreiung von Bindungen. 2/3 aller Urlaubsreisenden bezeichneten ihre (Haupt-)Urlaubsreise als Erholungs-, 1/6 Erlebnisreise, 11,5% gingen auf Verwandten- und Bekanntenbesuch; Kultur, Sport Kur usw. vereinigten nur jeweils wenige Prozente auf sich. Als Urlaubsmotiv gaben 1976 an:

Abschalten, ausspannen	61,1% aller Reisenden
Aus dem Alltag herauskommen, Tapetenwechsel	56,6%
Frische Kraft sammeln	47,0%
Mit netten Leuten zusammensein, mit neuen Leuten zusammenkommen	45,6%
Wieder einmal draußen an der frischen Luft sein	45,2%
Zeit füreinander haben	41,2%
Viel ruhen, nichts tun	37,4%
Ganz neue Eindrücke gewinnen, etwas anderes kennenlernen	35,9%
Viel Spaß und Unterhaltung	34,9%
Tun, was einem gefällt, was man sonst nicht tun kann	32,9%

aus: *Reiseanalyse Starnberg*

Worterklärungen

1. Abstand gewinnen — sich freimachen vom Alltag
2. nachhaltig — mit größerem Erfolg
3. e Voraussetzung, -en — *hier:* Grundbedingungen des Lebens
4. e Rasse, -n — *hier:* Gruppe von Menschen, die nach ihrer Herkunft, ihrem Aussehen zusammengehören, z. B. die weiße Rasse
5. prägen — formen
6. e Gestaltungskraft, ¨e — Fähigkeit, technische und kulturelle Werke zu schaffen
7. offenbaren — zeigen
8. e Überlieferung, -en — Tradition; das was sich von früher erhalten hat
9. e Einsicht, -en — Erkenntnis, Verstehen
10. r Gang, -es, ¨e — *hier:* Vorspeise, Hauptspeise und Nachspeise sind drei Gänge einer Mahlzeit
11. ein Pensum absolvieren — eine geplante Arbeit erledigen, zu Ende bringen
12. vertraut sein — gut kennen
13. e Disposition, -en — Einteilung, Plan
14. Jean Paul — 1763–1825, deutscher Dichter zwischen Klassik und Romantik
15. r Tapetenwechsel, -s (o. pl.) — Ortsveränderung

Erschließung des Inhalts

Welche der folgenden Aussagen ist aufgrund des Textes jeweils richtig?

1. a) Der Urlaub kostet besonders viel.
   b) Der Urlaub ist eine besonders wertvolle Zeitspanne.
   c) Tigges sichert dem Urlauber einen kostspieligen Urlaub zu.
2. a) Im Urlaub will man Zeit gewinnen.
   b) Der Urlaubsort soll weit entfernt vom Wohnort sein.
   c) Der Urlauber will sich von seinen Alltagsproblemen lösen.
3. a) Der Urlauber will zur Erkenntnis seines eigenen Wesens gelangen.
   b) Er will den Urlaub im eigenen Haus verbringen.
   c) Er wacht aus einer Bewußtlosigkeit auf.
4. a) Der Kontakt mit anderen Völkern hilft einem nicht zur Selbsterkenntnis.
   b) Die Begegnung mit anderen Völkern zeigt, wie diese die Natur verändert haben.
   c) Wer andere Völker kennenlernt, wird sich klar über sich selbst.

5. a) Wer reist, lebt anders, als er möchte.
   b) Wer reist, lebt in einer anderen Umwelt.
   c) Wer reist, lebt bei einem ganz anderen Menschen.
6. a) Der Urlaub läuft anders ab als vorgesehen.
   b) Die Urlaubspläne sind zu Hause liegengeblieben.
   c) Die Urlaubswelt verläuft nicht in einem genau geordneten Rahmen wie der Alltag.
7. a) Der Urlauber braucht nicht alle Punkte des reichhaltigen Reiseprogramms mitzumachen.
   b) Bei jeder Reise mit der Gesellschaft „Tigges" gibt es die gleichen reichhaltigen Mahlzeiten.
   c) Die Reisegesellschaft hat überlegt, welche Speisenfolge sie jeweils für ihre Urlaubsgäste auswählen soll.
8. a) Der Reiseleiter ist ein ausgezeichneter Dolmetscher.
   b) Der Reiseleiter kann alles Sehenswerte gut erklären.
   c) Am Zielort erwartet den Urlauber ein sehr bekannter Reiseleiter.
9. a) Die Zusammenfassung enthält die besonderen Ziele und Erlebnisse des Reiseprogramms.
   b) Die Zusammenfassung enthält Gesichtspunkte, für welche Charaktertypen die Reisen sich eignen.
   c) Die Zusammenfassung enthält die Besonderheiten des Reisegebietes und gibt Antwort auf die Frage, welche Möglichkeiten, Eindrücke zu gewinnen, Sie haben.
10. a) Nur dann, wenn man auf Reisen ist, führt man ein erfülltes Leben; das Leben gleicht einer Reise.
    b) Wer nur reist, der erfüllt die Anforderungen des Lebens; um leben zu können, muß man viel reisen.

Zur Diskussion gestellt

1. Die Firma Tigges wirbt um den anspruchsvollen Bildungsreisenden. Werden Sie durch die Argumente dieses Prospektes überzeugt?
2. Gibt es andere sinnvolle Möglichkeiten der Urlaubsgestaltung als die im Tigges-Prospekt genannten?
3. Welches Urlaubsmotiv würden Sie auf der Auswahlliste ankreuzen?
4. Würde das Umfrageergebnis in Ihrer Heimat ähnlich sein?

Übung zur Festigung des Wortschatzes

Welcher Begriff in der rechten Spalte ist jeweils das Gegenteil eines Substantives der linken Spalte?

1	r Urlaub	a)	e Anspannung
2	e Pflicht	b)	s Tal
3	r Abstand	c)	e Folge
4	e Entspannung	d)	e Arbeit
5	e Freude	e)	e Arktis
6	r Berg	f)	e Nähe
7	e Voraussetzung	g)	s Falsche
8	e Natur	h)	e Hast
9	e Tropen	i)	e Dienerin
10	e Herrin	j)	e Freiwilligkeit
11	e Ruhe	k)	e Kultur
12	s Wahre	l)	r Kummer

Übung zum sprachlichen Ausdruck

Der Werbeprospekt ist ein Appell an die Leser, d. h. er enthält zahlreiche Aufforderungen. Man könnte sie auch im Imperativ ausdrücken.
Ersetzen Sie daher die folgenden Sätze jeweils durch einen Imperativ.

Beispiel: Das kann man nur durch Entspannung.
Lösung: Entspannen Sie sich!

1. Das kann man nur durch Sporttreiben in freier Natur.
2. Man braucht die Begegnung mit anderen Menschen.
3. Das Kennenlernen anderer Gewohnheiten ist wichtig.
4. Unsere Reisen sind nicht wie ein Pensum, das zu absolvieren ist.
5. Sie haben die freie Auswahl in unserem Programm.
6. Die Mitteilung Ihrer Wünsche ist nun Ihre Sache.

Übung zur Idiomatik

Verwandeln Sie die folgenden Sätze entsprechend dem jeweiligen Beispiel.

1. *Beispiel:* Auf der Landkarte sieht Italien aus wie ein Stiefel.
   Umwandlung: Auf der Landkarte *gleicht* Italien einem Stiefel.

   a) Nach dem Regen sah die Straße aus wie eine Moorlandschaft.
   b) Nach dem Sturm sahen die Wirtsgärten aus wie Schlachtfelder.
   c) Du siehst aus wie mein Vetter Lothar.

2. *Beispiel:* Wir wollen *uns* vom Alltag *entfernen.*
   Umwandlung: Wir wollen *Abstand* vom Alltag *gewinnen.*
   a) Durch den Unterrichtsbesuch *verschaffte sich* der Direktor einen Eindruck vom Leistungsstand der Klasse.
   b) Jetzt *können* wir das ganze Problem *überblicken.*
   c) Nach langem Kampf *befreite sich* das unterdrückte Volk.
3. *Beispiel:* Sie können in Ruhe disponieren.
   Umwandlung: Sie können in Ruhe Ihre Dispositionen *treffen.*
   a) Du kannst frei wählen.
   b) Wir haben uns endgültig entschieden.
   c) Was habt ihr beiden abgemacht?

30 Jemen – Mit dem Landrover[1] ins Mittelalter

Bei strömendem Regen kommen wir in Sanaa an – und das mitten in der Trockenzeit. So außergewöhnlich wie dieses Ereignis ist auch das Land: bis vor kurzem war die Arabische Republik Jemen noch „Verbotenes Land". Alte Reiseberichte erzählten von prächtigen Städten, glänzenden Königshöfen, üppig grünen Tälern
5 und technischen Wunderbauten. Jahrtausende überdauerte dazu der Ruf der Königin von Saba.
Im Hotel treffen wir Johannes Hoch, Deutscher von Geburt, der den Jemen wie seine Westentasche kennt. Er wird uns führen, „in Gegenden, die noch kein Europäer kennt", wie er sagt.
10 Zuerst schauen wir uns Sanaa an. Alten Berichten zufolge gab es bereits in der Antike in Sanaa Hochhäuser. Der Königspalast soll 26 Stockwerke hoch und mit einem Dach aus Alabaster[2] gedeckt gewesen sein. Auch heute noch gibt es hier vielhundertjährige Stadtburgen, zum Teil fünf bis sechs Stockwerke hoch; mit ihren Zinnen[3] und Alabasterfenstern bieten sie das Bild eines arabischen Vene-
15 digs.
Am nächsten Morgen beladen wir den gemieteten Jeep mit Zelten, Wasser, Lebensmitteln, einem Kocher und beschließen, zunächst den Norden des Landes zu erkunden. Um fünf Uhr morgens brechen wir auf. Kurz vor der Stadt Amran geraten wir in eine Versammlung von rund 300 bis an die Zähne bewaffneten
20 Jemeniten, Scheichs dieser Region, die über fünf Raubmörder zu Gericht sitzen. Nach einer halben Stunde Palaver[4] steht das Urteil fest: Köpfen mit dem Schwert.
Die Altstadt von Amran, besonders schönes Beispiel jemenitischer Lehmbauweise, ist noch vollständig von einer Stadtmauer umschlossen. In Hausmauern und im Stadttor sind Grabsteine mit altarabischen Inschriften verbaut.

Gleich hinter Amran die erste Straßensperre. Zwei 15jährige Jungen halten uns mit Maschinenpistolen an – wir dürfen jedoch passieren. 40 Kilometer weiter, kurz vor Sadah an der sechsten Sperre, ist es jedoch aus. Wir müssen umkehren. Eine Erklärung gibt es nicht.
Mit dem Flugzeug, einer DC-3, Baujahr 1939, fliegen wir dann ins Land der Königin von Saba, am Rande des ostjemenitischen Hochgebirges. Um den Mond-Tempel zu besuchen, müssen wir zu Fuß den reißenden Sadd durchqueren. Die sintflutartigen[5] Regenfälle haben ihn anschwellen lassen. Bis zu den Hüften geht uns das Wasser beim Hinweg, zurück schaffen wir es nur noch mit knapper Not. Am Tempel bewundern wir die Arbeit der Steinmetze[6] an den fugenlosen[7] Mauern. Den größten Teil der Ausgrabung deckt bereits wieder der Wüstensand.
Bereits um 3 Uhr stehen wir am nächsten Tag auf. Wir wollen über den Sumara-Paß hinunter zum Roten Meer. Schlechtes Wetter und mühsame Wege zwingen uns, auf dem Paß zu übernachten. In unseren kleinen Zelten frieren wir in 3000 Meter Höhe so furchtbar, daß wir die halbe Nacht mit „Dauerlaufen" verbringen. 14 Stunden brauchen wir dann für die 42 Kilometer zum Nomadenmarkt bei Ibb. Ständig müssen wir uns mit dem Jeep neue Wege durch das überflutete Land erkämpfen.
In diesem Staat ohne Straßen sind die Wadi (während des Sommers ausgetrocknete Flußbette) die einzige Möglichkeit, vorwärts zu kommen. Ein Vier-Tage-Ausflug zu den heißen Quellen von El Udain durch das Gewirr zahlloser Nebenflüsse und üppiger Vegetation[8] ist eine Meisterleistung von Johannes Hoch. Schon in der Antike wurden die Quellen von Pilgern[9] besucht, deren verfallene Beherbergungshütten man noch findet. Im ersten Morgenlicht kommen wir in Ar-Rumait an. Es ist Markt. In den sonst unbewohnten Gassen haben Handwerker ihre Läden geöffnet. An den Bäumen hängen Kühe, Ziegen, Schafe, die an Ort und Stelle abgestochen, gehäutet und verkauft werden. Das Gekaufte kann man in kleinen „Restaurants" für Pfennige auf Holzkohlenfeuer grillen lassen.
Wir nähern uns Tihama, und es wird immer heißer. Der Wasservorrat geht zu Ende. Johann geht mit dem Kanister los, um eine Quelle zu suchen. Eine Stunde später ist er wieder da. Mit Wasser.
Einen halben Kilometer von Haiz entfernt explodiert unser Wagen. Zwei Tage braucht Johann, um einen anderen Jeep samt Fahrer zu engagieren. Zwei Tage, die wir in einem Brutofen verbringen. Tagsüber liegt die Temperatur über 60 Grad, das Rote Meer ist 40 Grad warm und wahrlich keine Erfrischung.
Die Gefährlichkeit unseres Unternehmens steht uns so recht vor Augen, als wir mit dem neuen Wagen im Wüstensand steckenblieben und außerdem noch der Kühlwasserschlauch platzt. Wir müssen unser letztes Trinkwasser für die Kühlung des Motors opfern. In Zabid kommen wir völlig erschöpft aber glücklich an.
Zurück nach Sanaa über die von Chinesen gebaute Straße ist es dann ein Katzensprung.

Die ereignisreichste, aber auch gefährlichste Reise meines Lebens ist zu Ende. Wir haben gegen Hunger und Durst, gegen menschliche Unzulänglichkeit[10] und Entbehrungen gekämpft. Drei Flaschen Limonade habe ich ohne Unterbrechung hintereinander ausgetrunken und die Erkenntnis gewonnen, daß auch der von der Zivilisation verwöhnte und verweichlichte[11] Mensch eine Menge ertragen kann.

aus: *Schöner Reisen, Nr. 2/1977*

Worterklärungen

[1] r Landrover, -s, — Auto, mit dem man außerhalb der Straßen fahren kann
[2] r Alabaster, -s (o. pl) — eine Art von weißem Stein
[3] e Zinne, -n — oberer Rand einer Stadt- oder Turmmauer mit Zwischenräumen
[4] s Palaver (o. pl.) — wortreiches Hin- und Her-Verhandeln
[5] e Sintflut (o. pl.) — (in der Bibel:) durch pausenlose Regenfälle kam alles Land unter Wasser
[6] r Steinmetz, -en, -en — jmd., der Steine kunstvoll bearbeitet
[7] fugenlos — ohne Spalte, Zwischenraum
[8] e üppige Vegetation — es gibt sehr viele Pflanzen
[9] r Pilger, -s, - — jmd., der an eine religiös wichtige Stelle reist
[10] e Unzulänglichkeit, -en — Unfähigkeit, seine Aufgaben zu erfüllen
[11] verweichlicht — an ein bequemes Leben gewöhnt

Erschließung des Inhalts

1. Was bedeutet die Überschrift, besonders der Begriff „Mittelalter"?
2. Wohin geht die ungewöhnliche Reise?
3. Was ist von früher her über dieses Land bekannt?

Formulieren Sie weitere Fragen zum Inhalt. Fragen Sie nach Johannes Hoch, dem früheren und heutigen Aussehen von Sanaa, dem Gepäck im Expeditionsfahrzeug, den Erlebnissen vor und hinter Amran sowie dessen Sehenswürdigkeiten, dem Ausflug zum Mond-Tempel, der Jeep-Fahrt nach Ibb, der Funktion des Wadi, der Expedition zu den heißen Quellen von El Udein, nach Ar-Rumait sowie den Erlebnissen bei Tihama und Haiz, nach der Gefährlichkeit der Panne in der Wüste, der Ankunft in Zabid und der Rückkehr nach Sanaa, schließlich nach der zusammenfassenden Erkenntnis, die der Autor in dieser Reise gewonnen hat.

Zur Diskussion gestellt

1. Führen Sie in Ihrer Gruppe eine Debatte über die Frage: „Haben Abenteuerreisen wie diese Jemenfahrt einen Sinn?" Denken Sie dabei an die Gefahren, an den Eindruck auf die Einheimischen, an den möglichen Nutzen, an die Einstellung gegenüber Schwierigkeiten, an die Nachwirkungen auf den Alltag u. ä.
2. Bilden Sie vier Arbeitsgruppen, die je einen Stichpunktkatalog zu folgenden Themen erarbeiten:
   a) Warum reisen die Leute in ihrer Urlaubszeit?
   b) Welche Nachteile kann Reisen dem Touristen bringen?
   c) Welcher Nutzen liegt für das Zielland im Tourismus?
   d) Welchen Schaden können die bereisten Länder durch den Tourismus erleiden?
   Diskutieren Sie anschließend Ihr Ergebnis im Plenum (= Gesamtgruppe).
3. Schreiben Sie für eine Zeitung in Ihrem Heimatland einen Bericht über eine Reise, die Sie gemacht haben. Geben Sie dabei Beschreibungen des Gesehenen, berichten Sie von Ihren Erlebnissen, lassen Sie Ihre Reisemotive erkennen, Ihre Wertungen des Erlebten, geben Sie eine Zusammenfassung Ihrer Eindrücke.

Übung zur Idiomatik

a) Was bedeuten die folgenden idiomatischen Wendungen?

Er *kennt* den Jemen *wie seine Westentasche.*
Die Scheichs sind *bis an die Zähne bewaffnet.*
Den Rückweg schaffen wir *nur noch mit knapper Not.*
Die Fahrt von Zabid nach Sanaa *ist* nur *ein Katzensprung.*

b) Setzen Sie diese Wendungen an den jeweils passenden Stellen ein.

1. Aus dem Dunkel tauchten plötzlich mit Waffen aller Art versehene Partisanen auf.
2. Von der Josefskirche ist es dann nur noch ein ganz kurzes Stück bis zu meiner Wohnung.
3. Den Stadtteil Giesing kennt mein Freund Paul ganz genau; er ist ja dort aufgewachsen.
4. Der Sturm kam so plötzlich, daß wir den Hafen fast nicht mehr erreicht hätten.
5. Giselas Haus steht ganz in der Nähe.
6. Wie man nach Ismaning kommt, brauchst du mir nicht zu erklären, über die Gegend weiß ich bestens Bescheid.

Übung zur Festigung des Wortschatzes

Zwar sind fast nie zwei Wörter so gleich in ihrer Verwendungsweise und Bedeutung, daß man sie immer ohne weiteres austauschen könnte. Doch gibt es viele Wörter, die einem anderen in der Bedeutung ähnlich oder gleich sind (z. B. Metzger – Fleischer). Solche mehr oder weniger bedeutungsgleichen Wörter nennt man Synonyme.

Suchen Sie zu jedem Wort der folgenden linken Spalte ein Synonym in der rechten Spalte.

s	Ereignis	s	Schloß
r	Ruf	s	Geschoß
e	Antike	r	Pflanzenwuchs
r	Palast	s	Geschehnis
s	Stockwerk	s	Enthaupten
s	Palaver	r	Knabe
s	Köpfen	s	Auto
e	Inschrift	e	Begründung
r	Junge	r	Spalt
e	Erklärung	e	Unterbringung
e	Fuge	s	Geschäft
s	Gewirr	s	Ansehen
e	Vegetation	s	Gerede
e	Beherbergung	r	Gasthof
r	Laden	e	Einsicht
s	Restaurant	e	Beschriftung
r	Wagen	s	Durcheinander
e	Erkenntnis	s	Altertum

Übung zum sprachlichen Ausdruck

Verwandeln Sie die folgenden Nebensätze in Partizipialausdrücke.

Beispiel: Während der Regen *strömte,* kamen wir in Sanaa an.

Verwandlung: Bei *strömendem* Regen kamen wir in Sanaa an.

1. Die Republik Jemen war ein Land, das (zu betreten) *verboten* war.
2. Wir beladen den Jeep, den wir *gemietet* haben.
3. Unterwegs treffen wir Beduinen, die *Waffen tragen.*
4. Wege, die *überflutet* sind, erschweren unsere Fahrt.
5. Am Bergrand sahen wir eine Hütte, die *verfallen* war.
6. In einem Dorf – *niemand wohnte* darin – machten wir kurz Rast.

31 Reise nach Moskau

Wir betraten das fremde Land mitten in unserer Stadt, als wir den Fuß auf die eisernen Gitterstufen setzten und den grünen russischen Waggon betraten, auf dem „Berlin-Moskau" stand. Die Perronplatten dröhnten, aber dann kamen wir in den Gang und waren nicht mehr zu hören, Teppiche benahmen unserem Schritt den Laut, vor den Fenstern hingen kleine Gardinen wie in einem Wohnhaus, und wir legten uns auf die hohen Betten. Der Zug war noch nicht abgefahren, als Lamberts Verwandlung begann, und während ich ihr zusah, vollzog sich die meine. Wir stellten die Uhren zurück, streckten uns unter die roten geblümten Decken und verabschiedeten die Zeit.

So liegen Bauern in Geschichten auf dem Ofen, wie Lambert auf seinem Bett lag unter der Dachwölbung des Zuges, das Teeglas in der Hand, denn wir waren leise bewirtet worden von der ersten Russin, die nach uns ausgesandt war, sie betreute den grünen Waggon, bediente den Samowar[1] und trat zu uns ans Bett: „tschai" – da wußten wir das erste Wort. Ich schloß die Augen und sah eine Stadt ohnegleichen, sie erhob sich aus dem Schnee mit ihren Mauern, Kirchen und Palästen, mit Kuppeln, so schön, als wären sie nicht wahr, die Kreuze standen auf dem krummen Türkenmond.

Es war Nacht, eine weiße Schneenacht, wie die Frau sie beschrieben hatte, als ich Kind war und es in meinem Baukasten einen Zwiebelturm gab, den sie in die Hand nahm an Winternachmittagen und vor meinen Augen mit Worten die Stadt erschuf, die sie hatte verlassen müssen, eine Stadt mit Kuppeln rund wie das Glück, eine Stadt ohnegleichen.

Unter der rotgeblümten Decke liegend, fuhr ich der Stadt entgegen, mit der einst die Alte meine Kindheit schmückte, betrat schon die weißen Straßen, sah graue Holzhäuschen, traf auch Frauen mit Kopftüchern und Filzstiefeln[2] und hörte schon den Gesang der Popen[3] vor der goldenen Bilderwand.[4]

Die Fata Morgana[5] hielt sich auch, als ich die Augen öffnete, sie erschien auf der sonnigen Schnee-Ebene, die goldenen, die grünen Kuppeln rund wie das Glück.

„Was siehst du", frage ich Lambert, der wie ich aus dem Fenster schaute.

„Wölfe", sagte er.

Mit dem Kinn auf den Armen lagen wir, ließen unsere Wölfe laufen und begingen schon die Stadt, die noch lange nicht in Sicht war, denn wir hatten viel Land zu durchfahren, Land, auf dem sich Heere vor- und zurückbewegt haben, bis den Soldaten die Beine abfroren und in den Motoren die Kolben vereisten.

Die Schatten alter und älterer Kriege wankten vor und zurück, der französische Herrscher[6] flüchtet im Schlitten und hat seine Reisebibliothek gerettet, aber die deutschen Generäle[7] haben nicht von ihm gelernt, sie treiben die Heerhaufen auf

Moskau zu, denken, es sei der Schnee, den sie bewältigen müßten mit Kettenfahrzeugen, und vermögen nichts gegen die Nächte, die mit dem Eisfeuer ihrer kalten höhnischen[8] Sterne über der Ebene aufgehen und das Heer im Schlaf besiegen, Nacht für Nacht und Mann für Mann.
Minsk, Orscha, Smolensk, unter den Decken, den breiten, weichen, hielten wir den Atem an, wenn wir einfuhren im geheizten Zug und bei heller Sonne, als wären die Kessel[9] nicht gewesen, in denen sie vornüberfielen, Tausende, und auch auf dem Rücken ließ der Tod sie zu Tausenden liegen. Erinnere Dich, wie wir lagen und lauschten[10], als Russen sich auf den Gang vor unsere Tür stellten und ein Gespräch miteinander führten, wie wir lagen und auf ihre Sprache lauschten, die schön ist wie eine gute Botschaft.
Die Wirklichkeit kam uns abhanden[11] wie vorher die Zeit.
War es wahr, daß wir ohne Schüsse durch das Land fuhren mit Russen, die das Glas auf unsere Gesundheit hoben, als wir im Speisewagen zu Mittag aßen, oder war es nicht wahr, und wir würden eingekesselt werden wie alle, die sich der Stadt hatten nähern wollen, oder war es doch wahr, und wir würden ankommen im Herzen des Reiches, auf das wir staunende Blicke warfen, wenn der Zug auf einer Station hielt und wir auf dem Bahnsteig hin und hergingen, wo vermummte[12] Kinder im Armbereich der Großmütter hockten und lächelten. Wir lächelten auch, die Großmütter nickten, als sei gar nichts anderes möglich als lächeln und nicken, und wir vergaßen die Spur von Unbehagen, das uns befallen hatte in der Nacht beim Grenzübertritt in Brest.
Dort waren wir davon aufgewacht, daß Eisen dröhnend gegen Eisen schlug. Fest in unsere Mäntel gewickelt, standen wir dann auf dem Bahnsteig und sahen zu, wie eine hydraulische Hebevorrichtung angesetzt und unser ganzer Waggon hochgestemmt wurde, so daß geschehen konnte, was geschehen mußte, wenn wir einfahren wollten in dieses fremde Land: Achsen und Räder mußten fortgezogen werden unter den Wagen, ausgetauscht werden gegen andere Achsen und Räder, im gewohnten Geleise ließ sich nun nicht mehr fahren, mit einer Spur von Unbehagen[13] hatten wir diesem technischen Vorgang zugesehen, so als würde uns der Boden unter den Füßen entzogen mit den Stahlachsen und Rädern, an deren Stoßen wir uns gewöhnt hatten. Auch überraschten uns die Kräfte, mit denen unser massiger Waggon mir nichts, dir nichts angehoben wurde bei nicht mehr Licht als ein paar schwankende Karbidlampen[14] hergaben. Ein nachtäugiger Goliath schien am Werke zu sein, ein erster Bote russischer Kraft, ein wenig Unbehagen, wie gesagt, hatten wir vergessen, als wir, erfahrene Breitspurfahrer inzwischen, der Grenznacht nicht mehr gedachten.
Die Ebene vor den Zugfenstern war mit den Augen nicht vermeßbar, auch Lambert kann den Rand solcher Weiten nicht ausmachen. So hielt der Blick sich an Häuserchen, die dann und wann auftauchten, wie für Ziegen klein, aber ein jedes hat Hörner und Tentakeln[15] auf dem Dach, die Antennen, mit denen man

aus den Häuschen nach Moskau sieht, es gibt keine Entfernung für die Geschwindigkeit des Lichtes, und jeder in den Holzhäusern will ins Herz des Reiches sehen, daher auf allen Dächern die Fühler, die nach Bildern tasten.

Wir begannen den grünen Waggon zu bewohnen wie ein Haus, das man nicht mehr zu verlassen gedenkt. Es ließ sich leben auf den breiten russischen Gleisen, wir lagen und hörten unseren Zug wie einen Dampfer tuten, wenn er sich einem Bahnübergang näherte. Schneefelder ohne Ende, wer wurde gewarnt mit Tuten in der Nacht, welch einsamer Fuhrmann, der sonst vor die Lokomotive gekommen wäre mit Pferd und Schlitten? Oder trompetete der Zugführer, um sich Mut zu machen in der Schneewüste, die an Weitläufigkeit Gobi übertraf und dem Mann Angst machte, der vielleicht lieber dies und jenes getan hätte, aber doch uns alle durch dieses Weiß fahren mußte, das er vielleicht nicht mochte, fröhlich roter Schnee wäre ihm lieber gewesen, auch gelber hätte seine Gedanken nicht so dünn und kühl gemacht auf dem Führerstand einer Lok, die er bedienen mußte, damit sie alle Schlafenden, Kauenden, Plaudernden hinter sich herzog, aber wir halfen ihm nicht dabei, wir lagen unter wolligen Decken und uns war es recht. Mit langen sehnsüchtigen Signaltönen fuhren wir auf Moskau zu.

Als wir ankamen, war das anders als gedacht. Kein Panorama bot sich, wir waren sogleich ein Teil der Stadt, ihrer inneren Gänge, ihres Gewimmels[16], mußten rechts und links schauen, den Koffern nach in einen Bus und über Moskaus Straßen, alles war in Bewegung, wir fuhren Schleifen um Polizisten, bekamen Winke, unterwarfen uns der Verkehrsordnung, Schulter an Schulter mit den Bürgern der Stadt, die Wirklichkeit kam uns ein zweites Mal abhanden: war es wahr, daß wir neu waren in dieser Stadt, daß dies der Ort war, den wir gesucht hatten, oder war es eine Stadt wie jede Stadt und wir lebten schon lange hier, als Partikelchen[17], als zwei Menschen von sieben Millionen, mit denen wir uns durch die Straßen schoben. Aber die fremdartigen Gesichter unter den Pelzmützen, und wir mußten mit den Händen fragen, wenn wir eine Auskunft brauchten.

Zu späterer Stunde, als wir wußten, in welchen Betten wir schlafen würden, als die Koffer leer waren, die Kleider schlaff im Schrank hingen und die Nacht in Moskau begann, als wir den Kongreßpalast betreten sollten, zögerten, ziellos neugierig (denn wir konnten nicht ahnen, was die Mauer unserem Blick verstellte) um eine Ecke gingen, da verschlug[18] es unseren Füßen den Schritt und dem Munde die Sprache, denn vor unseren Augen, die es nicht glauben wollten, die erwarteten, daß verschwinden würde, was wir sahen, weil so Schönes, dachten wir, sich nicht für immer zeigen würde, vor uns lag eine Stadt ohnegleichen, sie erhob sich aus dem Schnee mit ihren Mauern, Kirchen und Pälasten, mit Kuppeln, so schön, als wären sie nicht wahr, die Kreuze standen auf dem krummen Türkenmond. Es war eine Nacht, eine weiße Schneenacht, wie die Russin sie beschrieben hatte, als ich Kind war und es in meinem Baukasten einen Zwiebelturm gab, den sie in die Hand nahm an Winternachmittagen und vor meinen Augen mit Worten die Stadt

erschuf, die sie hatte verlassen müssen, und die Stadt strafte die alte Frau nicht 120
Lügen, sie lag vor unseren Augen mit Kuppeln, rund wie das Glück, eine Stadt
ohnegleichen.
„Erzähle doch, erzähle", haben sie alle gesagt, als wir zurückkamen von da. Aber
ich kann nicht erzählen, denn ich weiß, was sie hören wollen:
„Sie sind – können sie – was kostet und ist jemand reich?" Ich sehe sie an, wenn 125
sie mich zum Sprechen bringen wollen. Keine solche Frage ist ein Schlüssel für
diese Stadt.

aus: *Ursula Ziebarth, Hexenspeise, Neske Verlag, Pfullingen 1977*

Worterklärungen

	Ursula Ziebarth	geb. 1921 in Berlin, lebt dort
1	r Samowar, -s, -e	russische Teemaschine
2	r Filzstiefel, -s, -	Schuh aus dickem Stoff, der bis an die Knie reicht
3	r Pope, -n, -n	orthodoxer Pfarrer
4	e Bilderwand, ¨e	in orthodoxen Kirchen: eine Wand aus Heiligenbildern zwischen dem Altarraum und dem Raum, wo die Kirchenbesucher sitzen
5	e Fata Morgana	Luftspiegelung, die phantastische Bilder, z. B. eine ferne Landschaft, vortäuscht
6	r französische Herrscher	*gemeint ist:* Napoleon im Jahr 1812
7	e deutschen Generäle	im 2. Weltkrieg (1941)
8	höhnisch	böse, bitter spottend; mit bitterer Ironie
9	die Kessel	russische Truppen wurden von deutschen, später deutsche von russischen eingeschlossen und vernichtet
10	lauschen	angespannt zuhören, horchen
11	abhanden kommen	verloren gehen
12	vermummen	in Tücher einhüllen
13	s Unbehagen (o. pl.)	unangenehmes Gefühl; man fühlt sich nicht wohl
14	e Karbidlampe, -n	hellbrennende Handlampe
15	r/s Tentakel, -s, -	lange spitze Tastorgane, Fühler (Hörnchen) am Kopf niederer Tiere zum Heranholen von Nahrung
16	s Gewimmel (o. pl.)	Gedränge von vielen Menschen
17	s Partikel, -	sehr kleiner Körper
18	es verschlägt mir die Sprache, den Atem	ich kann nicht mehr sprechen, atmen

Fragen zur Interpretation

Der Text ist Teil des Romans „Hexenspeise", man kann ihn eine „Schilderung" nennen, d. h. die dichterisch-anschauliche Beschreibung einer Reise, bei der auch die Gedanken und Gefühle der Erzählerin ausgedrückt werden.

1. Wieso betraten die Reisenden das fremde Land mitten in ihrer Stadt?
2. Warum sieht die Erzählerin jetzt Moskau vor ihrem inneren Auge? Woher hat sie diese Vorstellung?
3. Welche Assoziationen verbindet ihr Freund mit Rußland?
4. Als sie Rußland durchfahren, denkt sie an die Kriege, die Mitteleuropäer dort geführt haben. Wie steht sie zu den Heerführern, zu den Soldaten und ihrem Schicksal? Welche Verben, welche bildhaften Adjektive, welche poetischen Bilder werden verwendet, um diese Sicht zu veranschaulichen?
5. „Die Wirklichkeit kam uns abhanden wie vorher die Zeit." Erläutern Sie diesen Satz aufgrund des Textes.
6. Warum wurde die Erzählerin in Brest von Unbehagen überfallen?
7. Die Dichterin spricht vom Tuten der Lokomotive und den weiten Schneefeldern. Sie nennt diese Phänomene aber nicht nur berichtend, sondern knüpft an sie Vorstellungen, durch die die Atmosphäre der Reise und der Landschaft sowie einzelne Menschen vergegenwärtigt werden. Wie geschieht das?
8. In Z. 101 heißt es: „Die Wirklichkeit kam uns ein zweites Mal abhanden." Was ist mit diesem Satz gemeint?
9. Was überrascht sie so sehr?
10. Warum wird die Erinnerung an das Kindermädchen ein zweites Mal zitiert?
11. Warum erzählt die Dichterin ihren Bekannten zu Hause nichts von der Reise?

Zur Diskussion gestellt

1. Wenn Sie eine Beschreibung einer Reise nach dem heutigen Moskau suchen, würde Sie dann dieser Text zufriedenstellen?
2. Wie beurteilen Sie die Einstellung der Autorin zu den Russen, denen sie begegnet?

Übung zur Festigung des Wortschatzes

Setzen Sie jeweils eines der folgenden Verben an der richtigen Stelle ein.

abfrieren, aufgehen, betreuen, bewirten, flüchten, führen, hergeben, hochstemmen, lauschen, tasten, vereisen, werfen.

1. Eine freundliche Russin .... uns mit einer Tasse Tee.
2. Sie .... alle Fahrgäste in unserem Schlafwagen.

3. Es war so kalt auf dem Himalaya-Gipfel, daß dem Bergsteiger die Brillengläser .... und eine Zehe ....
4. Der ausgebrochene Sträfling .... in einem gestohlenen Auto.
5. Im Winter .... die Sonne sehr spät ....
6. Wir .... angestrengt, um zu hören, was für Gespräche drinnen .... wurden.
7. Bevor er in sein Zimmer ging, ... er einen raschen Blick in die Küche.
8. Rainer ist so stark, er kann einen ganzen Zentnersack ....
9. Meine alte Taschenlampe .... nicht mehr viel Licht ....
10. In der Dunkelheit .... wir nach dem Lichtschalter.

Übung zum idiomatischen Ausdruck

Welches Verb gehört jeweils zu dem schräg gedruckten Substantiv?

1. Auf diese abgelegene Insel hat bestimmt noch kein Mensch *den Fuß* ....
2. In dem Jungen hat sich im letzten Jahr eine bemerkenswerte *Wandlung* ....
3. Es knallte so laut, daß ich vor Schrecken *den Atem* ....
4. Ich bin hungrig, schließlich habe ich noch nicht *zu Mittag* ....
5. Ich mußte mir erst *Mut* ...., bevor ich in den Sturm hinausging.
6. Auf dem Flug nach Karatschi ist mein brauner Koffer *abhanden* ....
7. Als ich diese Lügen hörte, ... es mir *die Sprache*.
8. Jeder sah, was los war: sein Gesicht .... ihn *Lügen*.

32 Sehnsucht

    Es schienen so golden die Sterne,
    Am Fenster ich einsam stand
    Und hörte aus weiter Ferne
    Ein Posthorn[1] im stillen Land.
5 Das Herz mir im Leibe entbrennte[2],
    Da hab ich mir heimlich gedacht:
    Ach, wer da mitreisen könnte
    In der prächtigen[3] Sommernacht!

    Zwei junge Gesellen[4] gingen
10 Vorüber am Bergeshang,
    Ich hörte im Wandern sie singen
    Die stille Gegend entlang:
    Von schwindelnden Felsenschlüften,[5]
    Wo die Wälder rauschen so sacht,
15 Von Quellen, die von den Klüften[6]
    Sich stürzen in die Waldesnacht.

    Sie sangen von Marmorbildern,
    Von Gärten, die überm Gestein
    In dämmernden Lauben[7] verwildern,
20 Palästen im Mondenschein,
    Wo die Mädchen am Fenster lauschen,
    Wann der Lauten[8] Klang erwacht,
    Und die Brunnen verschlafen rauschen
    In der prächtigen Sommernacht.

Joseph von Eichendorff

Worterklärungen

Joseph von Eichendorff	(1788–1857) der bekannteste deutsche Dichter der Romantik
[1] s Posthorn, ¨-er	ein Blasinstrument der Fahrer von Postkutschen (von Pferden gezogene Wagen zum Personentransport)
[2] „entbrennte"	*(altertümlich); heute:* entbrannte, *Präteritum von* „entbrennen": heftig von einem Gefühl ergriffen werden

[3] prächtig — sehr schön
[4] r Geselle, -n, -n — junge Handwerker wanderten früher, nach Abschluß ihrer Lehrzeit, durchs Land, um Erfahrungen zu sammeln
[5] „Felsenschlüfte" — *(poetisch)* tiefe Stelle zwischen 2 Felsen
[6] e Kluft, ⸚e — tiefer Riß, Spalt (im Felsen)
[7] e Laube, -n — leicht gebautes, nach einer Seite offenes Hüttchen (kleines Haus) im Garten, meistens ganz mit Pflanzen bewachsen
[8] e Laute, -n — hölzernes Musikinstrument, dessen Saiten gezupft werden

Fragen zur Interpretation

1. Wer spricht? Wo befindet sich der Sprecher? Welche Tageszeit schildert das Gedicht? In welcher geschichtlichen Epoche findet die Handlung statt?
2. Warum gerät sein Herz in Erregung (Z. 5)? Denken Sie dabei an das, was der Dichter sieht, was er hört (welche Gedanken ruft das bei ihm hervor?) und an seinen Zustand (er fühlt sich einsam).
3. Wie wird die Nacht beschrieben?
4. Die Nacht ist die Zeit des Romantikers, es ist still, die Geschäftigkeit des Tages ist vorbei, die Wirklichkeit des Alltags tritt zurück, Ahnungen (= undeutliches Erfassen von Wesentlichem durch das Gefühl) können die Seele ergreifen. Der Romantiker möchte aus der alltäglichen, prosaischen Nähe weg in die zeitliche oder räumliche Ferne, von der er sich ein erfüllteres Leben und den Zugang zum Sinn seines eigenen Wesens erhofft.
Wie klingt dieses Motiv des Fernwehs, dieser besonderen romantischen Sehnsucht, bereits im ersten Satz des Gedichtes an?
5. Das Posthorn gehört zur Postkutsche, dem üblichen Fahrzeug für Fernreisen, bevor die Eisenbahn gebaut wurde. Welcher Wunsch drängt sich dem Dichter auf, als er das Posthorn hört?
6. Nicht nur die Postkutsche gelangt in die Ferne, auch die Wandergesellen. Ihr Lied drückt all das aus, wonach sich auch der Dichter sehnt. Betrachten wir zunächst den 1. Teil des Liedes (Z. 13–16).
   a) Wie sieht die Natur aus, die Eichendorff erleben möchte?
   b) Der Romantiker erfährt die Wirklichkeit um ihn herum mit seinen Sinnen. Daher enthält die Beschreibung das, was man sieht und hört. Untersuchen Sie daraufhin die Verben (schwindelnd, sacht rauschen, sich stürzen). Was bedeuten sie?

7. Lebendige, vom Menschen nicht veränderte Natur, Nacht (Strophe 3) sind ein Aspekt der romantischen Welt. Wovon handelt Strophe 4? Welche Motive der bisherigen Strophen kehren wieder? Was kommt hinzu?
8. Kein Zweifel: Marmorbilder (also Statuen, Reliefs aus Marmor), Paläste mit Parks und Brunnen, Lautenmusik – damit ist Italien gemeint, wonach sich die Deutschen, besonders ihre Künstler, schon immer gesehnt haben. Wenn Sie das Genannte als Beispiel betrachten, was – verallgemeinernd gesprochen – zieht den Dichter an diesem Land an?
9. Welches Reimschema finden wir vor? Durch die Reime wird das Gedicht in Gruppen von je 4 Zeilen gegliedert. Stimmt die inhaltliche Gliederung des Gedichtes damit überein?
10. Vokale können lautmalend, sinnverstärkend sein. i/ü kann Schroffes, e Erregung ausdrücken, ā, ō, au Dunkles, Geheimnisvolles. Untersuchen Sie daraufhin das Gedicht.
11. Leitmotiv des Gedichtes ist die Nacht als schöne Zeit, in der sich die Sehnsucht entfalten kann. Bereits die erste Zeile gibt diesen Rahmen an. Noch dreimal wird die Nacht genannt: an welchen Stellen? Welche Funktion haben diese Verse innerhalb des Gedichtes?
12. Wir betrachten Eichendorffs Gedicht im Rahmen des Themas „Reisen". Welche Begriffe der ersten Hälfte unseres Textes gehören zu diesem Bereich? Inwiefern ist die zweite Hälfte eine Reisebeschreibung?
Für Eichendorff ist Reisen weder Erholung noch Abenteuer: Welche Bedeutung hat Reisen für ihn?

Zur Diskussion gestellt

1. Wenn Sie eine Reise planen: Sind Ihre Erwartungen von denen Eichendorffs verschieden? Begründen Sie Ihre Reisemotive.
2. Erläutern Sie an den verwendeten sprachlichen Mitteln, warum Ihnen dieses Gedicht gefällt oder nicht gefällt.

Übung zur Festigung des Wortschatzes

Setzen Sie das passende Wort ein. (Sie finden die Wörter auch im Gedicht.)
1. Wer ganz allein für sich lebt, ist ....
2. Wer etwas tut, was niemand merken soll, der tut es ....
3. Einen Palast, der voll von sehr schönen Gegenständen ist, nennen wir ....
4. Ein junger Mensch, der am Ende seiner Lehrzeit in einem Handwerk die Prüfung bestanden hat, heißt ....
5. Wo frisches Wasser aus der Erde dringt, haben wir eine ....

6. Bäume .... im Wind; wir hören ein Bächlein ....
7. Dieser Garten wurde lange Zeit nicht gepflegt, darum ist er ....
8. Wir konnten kein Geräusch hören, obwohl wir aufmerksam ....

Übung zum sprachlichen Ausdruck

Verwandeln Sie die unten stehenden Sätze nach folgendem Muster.
Basissatz: Ich kann nicht mitreisen.
Irrealer Wunschsatz: Wenn ich doch mitreisen könnte!

1. Ich kann nicht Gitarre spielen.
2. Meine Freundin kommt heute nicht.
3. Ich muß morgen in die Schule.
4. Fritz ist nicht hiergeblieben.
5. Ich habe mich verspätet.
6. Du hast schon wieder deine Hausaufgabe vergessen.

33 Reisen

Meinen Sie Zürich zum Beispiel
sei eine tiefere[1] Stadt,
wo man Wunder und Weihen[2]
immer als Inhalt hat?

Meinen Sie, aus Habana,
weiß und hibiskusrot,
bräche ein ewiges Manna[3]
für Ihre Wüstennot?

Bahnhofstraßen und Rueen,
Boulevards, Lidos, Laan[4] –
selbst auf den Fifth Avenueen
fällt Sie die Leere an –

Ach, vergeblich das Fahren!
Spät erst erfahren Sie sich:
bleiben und stille bewahren
das sich umgrenzende Ich.

Gottfried Benn

Worterklärungen

Gottfried Benn	(1886–1956) bedeutendster Dichter des deutschen Expressionismus
[1] tief	hier: tiefgründig, mit tiefer Bedeutung
[2] e Weihe, -n	Segen der Kirche, erhabenes Erlebnis
[3] s Manna (o. pl.)	vom Himmel gefallenes Brot bei der Wüstenwanderung der Israelis im Alten Testament; göttliche Speise
[4] „Laan"	*(holländisch)* Straßen

Fragen zur Interpretation

1. Eichendorffs Gedicht „Sehnsucht" ist eine Selbstaussprache des Dichters, d. h. der Dichter – er steht ja allein am Fenster – äußert seine Gedanken, Empfindungen, Eindrücke, das, was er hört. Diese Selbstaussprache ist typisch für ein lyrisches Gedicht, es ist seine übliche Sichtweise, seine Perspektive. Welche Perspektive hat demgegenüber Benns Gedicht „Reisen"?
2. Der Dichter beobachtet also seine Mitmenschen, er analysiert ihre existentiellen Probleme (Grundprobleme des Menschen) und sieht, wie sie durch Reisen an namhafte und ferne Orte (Beispiele: Zürich und Havanna) nach einer Lösung dieser Probleme suchen.
   Welche existentiellen Probleme stellt der Dichter fest?
   Welche Ziele verfolgen die Menschen mit ihren Reisen?
3. In der dritten Strophe beantwortet Benn selbst die Fragen, die er uns, den Reisenden, gestellt hat. Beispielhaft zählt er namhafte Straßen auf (speziell: die Bahnhofstraße in Zürich, die Fifth Avenue in New York; daneben französische, italienische, holländische Bezeichnungen). Gehen unsere Reiseerwartungen in Erfüllung? Was meint der Autor dazu?
4. In der letzten Strophe vermittelt Benn uns seine eigene Meinung. Was hält er vom Reisen, das ein erfüllteres Leben erhofft?
   Er leitet vom Fahren (= Reisen) über zum „Erfahren", ein Wort, das von „fahren" (= reisen) abgeleitet ist. Zur Zeit von Eichendorffs „fahrenden (Wander-)Gesellen" haben die Menschen durch Reisen („Fahren") die Welt „er-fahren", also kennengelernt.
   Wie kommt der Mensch, laut Benn, zur Selbsterkenntnis, Selbsterfahrung?

Zur Diskussion gestellt

1. Die Romantiker und die Zeitgenossen Benns suchen sich durch Reisen Sehnsüchte, Wünsche zu erfüllen. Welche Übereinstimmungen gibt es, welche Unterschiede? Und was meinen Sie dazu?
2. Vergleichen Sie, wie Eichendorff und Benn sich ein sinnerfülltes Leben vorstellen.
3. Welches Gedicht sagt Ihnen mehr zu, das romantische oder das moderne?

Übung zur Festigung des Wortschatzes

Ergänzen Sie jeweils das fehlende Wort. Sie finden es im Gedicht von Benn.

1. Alle dachten, sie müßte sterben. Daß sie wieder gesund wurde, grenzt an ein ....
2. Dort, wo nichts mehr wächst, sondern überall nur noch Sand und Steine zu sehen sind, beginnt die ....
3. Wem das Wichtigste zum Leben fehlt, der ist in ....
4. Gestern brach ein wildes Tier aus dem Zoo aus, es hat zwei Kinder ....
5. Auch wenn ein Feuer ausbricht, soll man die Ruhe ....
6. Wir haben einen hübschen Gemüsegarten, er wird von Rosenbüschen ....

Übung zum sprachlichen Ausdruck

Ergänzen Sie den Basissatz jeweils durch eine Frage nach unten stehendem Muster.

Basissatz: Reinhard kommt sicher nicht so bald zurück.
Zweifelnde Frage: Meinen Sie, Reinhard käme bald zurück?

1. Richard hat jetzt bestimmt kein Geld.
2. Sie werden diesmal keinen Erfolg haben.
3. Wir können Ihnen helfen.
4. Die beiden wollen sicher nicht in den Brunnen hinuntersteigen.
5. Ich habe das bestimmt nicht gern getan.
6. Wir sind freiwillig hingegangen.

„Bücher, Bücher, Bücher. Ich glaube nicht, daß irgendeiner ohne Entsetzen davonkommt. Eine absurde Inflation von Wichtigkeit – die Menschen, die Bücher, das Geschäft" (Wolf Wondratschek)

Buch und Leser

34 Literaturbetrieb
Buch und Leser

Die meisten Druckerzeugnisse, die der Vermittlung von Informationen dienen (Bücher, Zeitschriften u. ä.), sind hinsichtlich ihrer Verbreitung wie alle anderen Waren von den Regeln der Marktwirtschaft[1] abhängig, also an die Voraussetzungen von Werbung und Verkauf, Angebot und Nachfrage gebunden. Dabei bestehen für diese ‚Waren' im einzelnen unterschiedliche Produktions- und Absatzbedingungen[2]. Während Zeitschriften, Zeitungen u. ä. von mehreren Autoren bzw. Redakteuren für eine kurzlebige Kommunikation[3] hergestellt und abgesetzt werden und dementsprechend eine wenig stabile Form besitzen, werden Bücher meistens von einem Autor geschrieben und von einem Verlag für eine längere Kommunikationszeit vorbereitet.

Innerhalb des bestehenden Angebots an Veröffentlichungen unterscheidet man zwischen der überwiegend informierenden *Fachliteratur* (z. B. zur Technik, Wirtschaft, Wissenschaft, Politik usw.) und der *Belletristik* (= ‚schönen' Literatur) oder eigentlichen Literatur, die sowohl Texte der bloßen Unterhaltungsliteratur als auch Texte der künstlerischen Literatur (Dichtung) umfaßt. Die Zuordnung zu diesen Gruppen ist abhängig von der (mitunter schwierigen) *literarischen Wertung*, die durch Verlagslektoren[4], Literaturkritiker und Literaturwissenschaftler erfolgt. Dabei werden zumeist die ästhetischen Maßstäbe der künstlerischen Form (Sprache, Struktur, Gattung)[5] und der Echtheit und Bedeutsamkeit der Aussage zugrundegelegt.

Für den Buchvertrieb (Verlag, Sortiment[6], Buchversand) sind allerdings die ökonomischen Interessen des Markterfolges meist wichtiger als die literarische Bewertung eines Buches. Erfolg oder Mißerfolg eines Buches sind häufig (nicht immer) von Zeitströmungen, aber auch oft von der Tüchtigkeit und Finanzkraft eines Verlages abhängig, besonders von der Werbung und der Beeinflussung der Leseinteressen des Publikums.

In den letzten Jahrzehnten ist die traditionelle Angebots- und Verkaufsweise der Buchverlage und Buchhandlungen in zunehmendem Maße durch drei Erscheinungen verändert worden: 1. das Taschenbuch, 2. die Buchgemeinschaften, 3. den ‚Bestseller'. Der Vertrieb der ‚Heftromane' im Bereich der sog. *Trivialliteratur*[7] (zu der aber oft auch bestimmte gebundene Romane und Taschenbücher gehören) erfolgt dagegen meist außerhalb des Buchhandels an Kiosken[8] u. ä.

aus: *Verstehen und Gestalten 7*, R. Oldenbourg Verlag, München 1976

Worterklärungen

[1] e Marktwirtschaft (o. pl.)	freies wirtschaftliches System mit wenigen staatlichen Ordnungsvorschriften
[2] r Absatz, -es (o. pl.)	Verkauf
[3] e Kommunikation (o. pl.)	Austausch (*hier:* Übermittlung) von Informationen
[4] r Verlagslektor, -s, -en	Angestellter eines Unternehmens, das Bücher herstellt: er prüft und bearbeitet die ihm vorgelegten Buchentwürfe
[5] e Gattung, -en	Gruppe von Gleichartigen: *hier:* Drama, Roman etc.

[6] s Sortiment (o. pl.)   Laden-Buchhandel
[7] e Trivialliteratur (o. pl.)   Unterhaltungsliteratur mit gefälliger, vereinfachender Behandlung ihrer Themen
[8] r Kiosk, -s, -e   Verkaufsbude (besonders für Zeitungen, Erfrischungen)

Erschließung des Inhalts

1. Wozu dienen die meisten Druckerzeugnisse?
2. Welches sind die Regeln der Marktwirtschaft, nach denen Waren verbreitet werden?
3. Bestehen für Zeitschriften, Zeitungen und Bücher unterschiedliche Produktions- und Absatzbedingungen? Warum?
4. Manche Druckerzeugnisse werden schnell hergestellt und sind nur kurze Zeit interessant; andere werden mit viel Sorgfalt hergestellt und werden eine längere Zeit hindurch gekauft und gelesen. Wie drückt sich diese unterschiedliche „Kommunikationszeit" in der Ausstattung (= Form) der gedruckten Schriften aus?
5. Worin unterscheiden sich Fachliteratur und Belletristik?
6. Wovon hängt die Zuordnung zu diesen Gruppen ab?
7. Nach welchen Gesichtspunkten erfolgt die literarische Wertung?
8. Welches sind die Interessen des Buchvertriebs?
9. Wovon ist der Erfolg oder Mißerfolg eines Buches abhängig?
10. Welche drei Erscheinungen haben den Buchmarkt in den letzten Jahrzehnten verändert?

Zur Diskussion gestellt

1. Sehen Sie auch in Büchern eine Ware wie jede andere? Begründen Sie Ihre Ansicht!
2. Haben sogenannte Bestsellerlisten einen Sinn?
3. Nach welchen Maßstäben beurteilen Sie den künstlerischen Wert eines Buches?

Übung zur Festigung des Wortschatzes

Bilden Sie aus den folgenden Verben ein Substantiv.

Beispiel: erzeugen
Lösung: das Erzeugnis

1. vermitteln, 2. informieren, 3. dienen, 4. verbreiten, 5. voraussetzen, 6. binden, 7. herstellen, 8. absetzen, 9. besitzen, 10. vorbereiten

Übungen zur Satzbildung

Setzen Sie in den folgenden Sätzen die Konjunktion „sowie", „sowohl – als auch" oder „ebenso wie" ein.

Muster: Die meisten Druckerzeugnisse dienen der Information und der Unterhaltung.

Lösung: Die meisten Druckerzeugnisse dienen *sowohl* der Information *als auch* der Unterhaltung.

1. Bücher unterliegen den gleichen Regeln der Marktwirtschaft wie alle Waren.
2. Belletristik umfaßt Texte der bloßen Unterhaltungsliteratur und Texte der künstlerischen Literatur.
3. Bei der literarischen Wertung eines Textes werden Sprache, Struktur und Gattung untersucht.
4. Der Erfolg oder der Mißerfolg eines Buches hängen von der Zeitströmung und der Tüchtigkeit eines Verlages ab.
5. In den letzten Jahrzehnten ist der Buchmarkt durch das Taschenbuch, die Buchgemeinschaft und den „Bestseller" verändert worden.

Übungen im freien Sprechen

1. Besuchen Sie eine Buchhandlung. Berichten Sie den anderen Kursteilnehmern, was Ihnen aufgefallen ist. (Welche Art von Büchern wurde angeboten, wie sind sie ausgestattet, wie sind sie angeordnet, welche Funktion üben die Angestellten aus?)
2. Führen Sie ein Gespräch mit einem anderen Kursteilnehmer über ein Buch, das Sie beide kennen. Ein Partner betont die Vorzüge des Buches, der andere äußert sich kritisch dazu. Besprechen Sie dabei den Handlungsverlauf, die Personenschilderung, die Bedeutung der behandelten Themen, die Art der Darstellung, den Stil und ähnliches mehr.

35 Leben und lesen

Neulich hat uns der Verlag Bertelsmann mit einer Studie[1] über Buch- und Lesegewohnheiten der Deutschen bekanntgemacht, und vielen Leuten hat darin sehr imponiert[2], daß die Deutschen doch mehr lesen und auch mehr Bücher daheim haben („im bundesdeutschen Privathaushalt stehen 186 Bücher" hieß es in diesem Bericht) als angenommen. Das altvertraute und erwünschte Bild vom lesenden

Volk war gerettet. Umfragen dieser Art haben vor allem einen ökonomischen[3] Wert: Sie interessieren die Verleger und Buchhändler, denn sie deuten[4] gute und schlechte Marktlagen[5] an. Uns konnte noch nie imponieren, daß von zehn Leuten neun Leute „lesen". Das besagt nicht mehr, als daß von zehn Leuten neun keine
10 Analphabeten sind, und daß diese neun Bücher in die Hand nehmen, Bücher gleich welcher Art, Produkte aus Papier, bedruckt. Es kommt doch wohl eher darauf an, was sie lesen.
Solche Statistiken sagen nichts darüber aus, ob das Buch mehr der Unterhaltung dient oder der Information oder der geistigen Anregung. Dies zeigt zum Beispiel
15 ein Hinweis, der während der Buchmesse von mehreren Verlegern zu hören war. Er hieß: Die Jungen lesen immer mehr nur das, was sie unbedingt brauchen. Sie sind immer sichtbarer nur aus auf unmittelbar für den Berufsweg, für das Studium Verwertbares.[6] Manchem mag das wenig bedeuten: Hauptsache, sie nehmen ihre Studien für den künftigen Beruf ernst. Aber wenn man sich etliche[7] Jahre zurück-
20 erinnert, sieht man: Damals war es ganz anders. In den letzten dreißig Jahren gab es zwei Generationen, die von einem wahren Leseeifer gepackt waren: Das waren die jungen Rückkehrer aus dem Krieg, die heute über fünfzig sind und sich damals ein ganz anderes, neues Weltbild zusammenlasen (von Thomas Mann bis Hemingway), und die Studenten von 1966, die fasziniert wurden von Büchern, die es im
25 Buchhandel nicht mehr oder noch nicht wieder gab. Sie hatten eine geistige Neugier, waren vielseitig interessiert. Das scheint sich zu ändern.
Warum? Sind es Folgen des anderen Unterrichts in den Oberstufen? Folgen des harten Konkurrenzverhaltens[8] in der Universität, das von der Berufsnot der jungen Akademiker hervorgebracht ist? Es könnte auch sein, daß der Wandel in
30 einem anderen Verhaltensbedürfnis[9] liegt.
In der derzeitigen Kulturkritik wird nach Verstärkung der menschlichen Kontakte, nach mehr Gespräch und freundlicherem Zueinanderfinden gerufen. In der jüngeren Generation wird das längst praktiziert. Sich treffen und miteinander stundenlang reden: das läßt das freie, schweifende[10] Lesen immer weniger zu.
35 Lesen ist Umgang mit sich in der Einsamkeit, Sprechen Umgang mit anderen und darin auch Umgang mit sich. Wem freilich die Lebenserfahrung, die die Literatur vermittelt, die wichtigste ist, mag solchen Wandel bedauern.

aus: *Günther Rühle, Leben und lesen, Frankfurter Allgemeine Zeitung*, 27. 10. 1978

Worterklärungen

[1] e Studie, -n   kürzere wissenschaftliche oder künstlerische Arbeit
[2] imponieren   beeindrucken

[3]	ökonomisch	wirtschaftlich
[4]	andeuten	in bestimmter Weise anzeigen oder hinweisen auf etwas
[5]	e Marktlage (o. pl.)	die Situation auf dem Markte, die z. B. bestimmt, ob sich eine Ware gut oder schlecht verkaufen läßt
[6]	verwertbar	brauchbar, nützlich
[7]	etliche	mehrere
[8]	s Konkurrenzverhalten (o. pl.)	Wettbewerb
[9]	s Verhaltensbedürfnis, -se	der Wunsch, in einer bestimmten Weise zu reagieren
[10]	schweifen	ziellos durch die Gegend wandern

Erschließung des Inhalts

1. Welches war das Ergebnis der Studie des Verlages?
2. Entspricht diese Umfrage den Vorstellungen, die die Deutschen selber von sich haben?
3. Wen interessieren solche Umfragen hauptsächlich?
4. Worüber gibt die Studie keine Auskunft?
5. Was konnte man auf der Buchmesse hören?
6. Ist es immer so gewesen, daß vor allem Fachliteratur gelesen wurde?
7. Welche Gründe gibt es für das berufsbezogene Lesen?
8. Was fordert die heutige Kulturkritik?
9. Kann Lesen auch Lebenserfahrung vermitteln?

Zur Diskussion gestellt

1. Welchen Sinn können Buchstatistiken haben?
2. Wodurch wird Ihr Leben mehr bereichert: durch Lesen oder ein Gespräch mit anderen?
3. In diesem Lehrbuch werden Diskussionen über die abgedruckten Texte durch entsprechende Fragen angeregt. In dem hier behandelten Text heißt es allerdings, daß die jüngere Generation den freien Austausch von Gedanken bevorzugt. Was gibt Ihnen mehr: ein Gespräch über einen Text oder ein freier Gedankenaustausch? Nennen Sie Ihre Gründe.

Übung zur Erfassung einer stilistischen Besonderheit dieses journalistischen Textes

Der Autor verwendet immer wieder Doppelpunkte, um die Aufmerksamkeit des Lesers auf besonders wichtige Aussagen zu lenken; das Leseinteresse wird damit wachgehalten. In der Regel folgen den Doppelpunkten Erläuterungen, Schlußfolgerungen.
Formen Sie diese Aussagen nach den Doppelpunkten in Nebensätze um; dadurch wird die Beziehung zum vorausgegangenen Satz deutlicher.

Beispiel: Uns imponiert das Ergebnis der Bertelsmannstudie gar nicht: Sie sagt nichts aus über die Lesegewohnheiten der Deutschen.
Lösung: Uns imponiert das Ergebnis der Bertelsmannstudie gar nicht, da sie nichts über die Lesegewohnheiten der Deutschen aussagt.

1. Umfragen dieser Art haben vor allem einen ökonomischen Wert: Sie interessieren die Verleger und Buchhändler.
2. Ein interessanter Hinweis während der Buchmesse hieß: Die Jungen lesen immer mehr nur das, was sie unbedingt nötig brauchen.
3. Manchem mag das geringe Leseinteresse der Studenten wenig bedeuten: Hauptsache, sie nehmen ihre Studien für den künftigen Beruf ernst.
4. Aber wenn man sich etliche Jahre zurückerinnert, sieht man: Damals war es ganz anders.
5. Die jungen Rückkehrer aus dem Krieg und die Studenten von 1966 waren von einem wahren Leseeifer erfaßt: sie hatten geistige Neugier und waren vielseitig interessiert.
6. Sich treffen und miteinander stundenlang reden: das läßt das freie, schweifende Lesen immer weniger zu.

Übung zum Wortschatz

Erklären Sie die folgenden aus zwei Substantiven zusammengesetzten Wörter mit einem Satz.
Beispiel: Lesegewohnheit
Lösung: Lesegewohnheit ist die Gewohnheit zu lesen.

1. Privathaushalt
2. Buchhändler
3. Marktlage
4. Buchmesse
5. Berufsweg
6. Hauptsache
7. Leseeifer
8. Rückkehrer
9. Weltbild
10. Konkurrenzverhalten
11. Berufsnot
12. Kulturkritik

Wie kann man die Aussage eines anderen mitteilen?

Verwandeln Sie die direkte in die indirekte Rede.

Beispiel: Der Verlag Bertelsmann machte in einer Zeitungsnotiz folgendes bekannt: „Wir haben eine Studie über die Buch- und Lesegewohnheiten der Deutschen angefertigt."

Lösung: Der Verlag Bertelsmann machte in einer Zeitungsnotiz bekannt, er habe eine Studie über die Buch- und Lesegewohnheiten der Deutschen angefertigt.

1. Die Notiz teilt mit: „Im bundesdeutschen Privathaushalt stehen 186 Bücher."
2. Mehrere Verleger auf der Buchmesse sagen: „Die Jungen lesen immer mehr nur das, was sie unbedingt brauchen."
3. Der Redakteur der Zeitung fragt: „Sind das die Folgen des anderen Unterrichtes in der Oberstufe?"
4. Ein Kulturkritiker fordert: „Die menschlichen Kontakte sollen durch Gespräche miteinander verstärkt werden."

36 Anlesen gegen das Alter

Erfahrungen bei der Hausausleihe[1] der Berliner Stadtbüchereien – ein Beispiel zur Nachahmung[2] empfohlen.

Am Kopf unserer Liste steht Frau Else M., die vor ein paar Tagen an eine Stadtbücherei eine Karte geschrieben und um ein Buch zum Vorlesen für ihre Enkelin gebeten hat. Wir fahren hin. Meine Freundin erklärt: „Unsere Buchausleihe ist kostenlos. In vier Wochen komme ich wieder, hole die alten Bücher, bringe neue mit und notiere mir Ihre Wünsche für das nächste Mal."
Zum Vorlesen gibt es Kästner[3]; unaufgefordert[4] haben wir aber auch zwei Romane mitgebracht, über die Frau M. sich freut, obwohl sie zugibt, noch nie „richtig" gelesen zu haben. Sie war Kellnerin: „Da ist man abends todmüde und wirft gerade noch einen Blick in eine Zeitung." Sie deutet auf den Stapel[5] Lesemappen, der in der Sofaecke gefährlich ins Rutschen gerät, „aber immer nur Sex und Mord, das wird man auch mal leid". – „Wir werden gemeinsam schon das Richtige für Sie finden, sobald wir uns besser kennengelernt haben", sagt meine Freundin und trägt ein paar vage[6] geäußerte Lesewünsche in die vorbereitete Karte ein.
Frau M., Ende fünfzig, ist nach einer Thrombose[7] seit kurzem Rentnerin. Die Schwierigkeit, sich in einem neuen Leben einzurichten, beginnt schon bei der Wohnung, die bisher mehr oder weniger nur zum Schlafen diente. Frau M. muß sich umstellen, wenn sie ihre Umgebung behaglicher gestalten will. Der Anfang ist

mit einem roten Telephon gemacht. „Ein bißchen teurer ist es schon", entschuldigt sie die Extravaganz[8], „aber ich rauche nicht und trinke nicht, und etwas Schönes muß der Mensch doch haben." Vor allem aber will sie „zu erreichen" sein. Jetzt wird hinter ihrer Ruhe doch die Angst spürbar. Bisher hat sie mitten im Leben ihren Mann gestanden.[9] Nun fängt das Alter an. Sie wird nicht mehr gebraucht, wird alleingelassen, weiß nicht, was sie mit ihrer Zeit anfangen soll. Können ihr in dieser Situation Bücher helfen?

Um diese Frage geht es bei der Hausausleihe der Berliner Stadtbüchereien, deren eine meine Freundin neben ihrer üblichen Arbeit verwaltet. Einmal im Monat besucht sie mit Bücherpaketen Leser, für die der Weg zur Bücherei zu weit oder zu beschwerlich wäre und die niemand haben, den sie um die Besorgung bitten könnten. Von der Stadt steht für vier Vormittagsstunden ein Fahrer mit Wagen zur Verfügung, und ich ersetze für diesmal die sonstige Begleitperson vom technischen Personal der Bibliothek.

Im allgemeinen sind Familiengeschichten gefragt, vor allem solche aus der amerikanischen Pionierzeit und den Südstaaten – Trivialliteratur zuweilen, die bei uns ein wenig verachtet wird. Doch ich verstehe die begehrlichen[10] Augen gut, wenn wir besonders dicke Bände auf den Tisch stapeln. Sie versprechen dem Leser eine lange Reise in ein fremdes Land, in eine andere Zeit und vor allem den Besuch bei Menschen, zwischen denen er sich nicht lästig fühlt, die seine Teilnahme fordern. Anders Frau W., eine pensionierte Lehrerin; sie macht sich nichts aus Romanen, sondern liest lieber Biographien oder Darstellungen alter Kulturen wie die der Etrusker oder Inkas. Fräulein D. – sie war Hausschneiderin, hat nicht „geklebt"[11] und wird vom Sozialamt versorgt – bringen wir Frisch[12], Doderer[13] und Virginia Woolfs[14] zauberhafte Hundegeschichte „Flush". Herr Th., früher Arbeiter, ist in seinen Wünschen überhaupt nicht begrenzt und interessiert sich für Mathematik und Medizin ebenso wie für Umweltschutz und Entwicklungshilfe. Ich beginne mich über das erstaunlich hohe Niveau der „Altenlektüre" zu wundern.

Dann kommen wir zu Frau R., die uns mit Saft und Kuchen empfängt. Sie ist siebenundachtzig Jahre alt, von Rheuma krummgezogen, die ausgemergelten[15] Arme voller Ödeme von herzstützenden Spritzen. Sie gibt eine Geschichte der Philosophie zurück, hat aber Verfasser und Titel notiert, weil sie den Band kaufen will. Sachkundig[16] studiert sie das Inhaltsverzeichnis des religionswissenschaftlichen Werkes, das wir mitgebracht haben, läßt zwei entsprechende Bücher vormerken und sagt plötzlich zu mir (war meine Verblüffung derart unverhüllt?): „Ich muß noch viel lernen – früher mit einer großen Familie hatte ich nie Zeit für ernsthafte Lektüre."

Was habe ich mir eigentlich unterm Altwerden und vom Wesen alter Menschen vorgestellt? Habe ich Bücher nicht insgeheim als Beschäftigungstherapie für alte Menschen aufgefaßt, so wie man einem Kind ein Bilderbuch in die Hand drückt, damit es ruhig ist und nicht stört?

Frau R. spricht von „lernen", Herr v. L., ganz ähnlich, freut sich, daß wir ihm „Arbeit" bringen.
Wie es um Frau K. steht – multiple Sklerose, geschieden, mit achtundvierzig Jahren die Jüngste in diesem Kreis – zeigt ein Blick in die Lesekarte[17]. Die anspruchsvollen Bücher traten im Lauf von zwei Jahren immer mehr hinter Krimis und leichter Lektüre zurück, und immer häufiger werden Titel wie „Heilung und Entspannung"[18] oder „Seele ohne Angst".
Insgesamt haben wir an zwei Tagen fünfundzwanzig Leser mit Büchern versorgt. „Weshalb nur so wenige? Und weshalb gibt es in der Bundesrepublik kaum eine Biliothek, die einen solchen Dienst eingerichtet hat?" werde ich gefragt, als ich am Sonntag mit Freunden beim Kaffee sitze und erzähle.
Die Hausausleihe geht über die personellen Möglichkeiten der meisten Bibliotheken hinaus, und zwar nicht nur, weil mit dem Fahrer und zwei Bücherangestellten jeweils drei Menschen zur Verfügung stehen müssen. Ein wesentlicher und zeitraubender Teil der Arbeit wird immer schon vorher geleistet, wenn die Bücher zusammengestellt werden – für fünfundzwanzig Leute im Schnitt zweihundert Bände. Nicht jeder gibt seine Wünsche namentlich oder gezielt mit einem Sachgebiet an. Häufig muß der Bibliothekar mit Phantasie, Einfühlung und einer genauen Vorstellung vom Leser das Programm bestimmen.

Ina Prove, Anlesen gegen das Alter, Süddeutsche Zeitung 20./21. 9. 1975

Worterklärungen

[1]	e Hausausleihe, -n	Bücher werden dem Leser für den vorübergehenden Gebrauch aus einer Bibliothek ins Haus gebracht und nach einiger Zeit wieder abgeholt
[2]	e Nachahmung, -en	etwas genau so tun wie andere
[3]	Erich Kästner	1899–1974, satirische Gedichte und Romane, Jugendschriftsteller („Emil und die Detektive", „Das fliegende Klassenzimmer")
[4]	unaufgefordert	jmd. tut etwas, ohne darum gebeten worden zu sein
[5]	r Stapel, -s, -	geordnet aufgeschichteter Haufen (z. B. Bücher, Holz)
[6]	vage	ungenau
[7]	e Thrombose, -n	eine Krankheit (Blutpfropfbildung innerhalb der Blutgefäße)
[8]	e Extravaganz, -en	ungewöhnliches Verhalten
[9]	sie steht ihren Mann	sie bewältigt selbständig ihre täglichen Aufgaben

[10]	begehrlich	starkes Verlangen zeigend
[11]	kleben	mit Hilfe von Klebstoff etwas befestigen *(hier:)* Gebührenmarken für eine Altersversicherung kaufen und in ein Heft kleben
[12]	Max Frisch	geb. 1911, führender, zeitkritischer deutschschweizer Erzähler und Dramatiker („Homo Faber", „Biedermann und die Brandstifter")
[13]	Heimito von Doderer	1896–1966, österr. Romanschriftsteller (psychologisch-sozialkritisch)
[14]	Virginia Woolf	1882–1941, subtile Darstellerin der Lebensweise der englischen Oberschicht
[15]	ausgemergelt	völlig erschöpft, abgemagert
[16]	sachkundig	jmd., der sich in einer bestimmten Sache gut auskennt
[17]	e Lesekarte, -n	Ausweis, aufgrund dessen man sich Bücher leihen kann
[18]	e Entspannung (o. pl.)	Ausruhen von anstrengender Arbeit

Erschließung des Inhalts

1. Wie geht die Ausleihe vor sich?
2. Wer sind die Kunden?
3. Was haben die alten Leute für Lesewünsche?
4. Welches sind die Gründe, warum sie lesen?
5. Warum ist die Begleiterin der Bibliothekarin erstaunt?
6. Gibt es in der Bundesrepublik viele Büchereien, die einen solchen Dienst eingerichtet haben? Warum bzw. warum nicht?
7. Wann wird ein wesentlicher Teil der Arbeit geleistet?

Zur Diskussion gestellt

1. Eine Stadt hat viele soziale Aufgaben durchzuführen (Kinderspielplätze, Krankenhäuser, Wohnungen für Arme usw.). Argumentieren Sie dafür oder dagegen, daß zum Nachteil anderer Sozialausgaben in Ihrer Stadt eine Hausausleihe von Büchern eingerichtet wird.
2. Trivialliteratur (d. i. Unterhaltungsliteratur mit gefälliger, vereinfachender Behandlung ihrer Themen) wird unter Deutschen fast ein wenig verachtet. Halten Sie das für berechtigt, oder hat diese Literatur für bestimmte Zwecke einen Wert? Begründen Sie Ihre Ansicht.

Übung zur Festigung des Wortschatzes

Ergänzen Sie folgende Sätze mit Verben aus dem Text.
1. Frau Else M. hat vor ein paar Tagen an die Stadtbücherei ....
2. Sie hat um ein Buch zum Vorlesen für ihre Enkelin ....
3. Sie .... die alten Bücher und .... neue.
4. Der Stapel Lesemappen in der Sofaecke .... ins Rutschen.
5. Wir werden gemeinsam schon das Richtige ...., sobald wir uns besser ....
6. Frau M. hat Schwierigkeiten, sich in einem neuen Leben ....
7. Sie .... ihre Extravaganz.
8. Können Bücher im Alter ....
9. Was hat Ina Prove sich unter dem Altwerden ....?
10. Die anspruchsvollen Bücher sind im Lauf der Jahre ....

Übung zum sprachlichen Ausdruck

Verknüpfen Sie das jeweilige Satzpaar zu einem Satzgefüge mit Haupt- und Relativsatz.

Beispiel: Am Kopf unserer Liste steht Frau Else M. Sie hat vor ein paar Tagen eine Karte an die Stadtbücherei geschrieben.
Lösung: Am Kopf unserer Liste steht Frau Else M., *die* vor ein paar Tagen eine Karte an die Stadtbücherei geschrieben hat.

1. Wir haben zwei Romane mitgebracht. Sie freuen Frau M. sehr.
2. In der Sofaecke liegt ein Stapel Lesemappen. Er gerät gefährlich ins Rutschen.
3. Die Schwierigkeit beginnt bei der Wohnung. Bisher hat sie nur zum Schlafen gedient.
4. Um diese Frage geht es bei der Hausausleihe. Diese wird von meiner Freundin neben ihrer üblichen Arbeit verwaltet.
5. Im allgemeinen sind Familiengeschichten gefragt. Sie stammen vor allem aus der amerikanischen Pionierzeit.
6. Wir kommen zu Frau R. Sie empfängt uns mit Sekt und Kuchen.
7. Sie gibt eine Geschichte der Philosophie zurück. Sie hat sich Verfasser und Titel notiert.
8. Wir haben ein religionswissenschaftliches Werk mitgebracht. Sie studiert das Inhaltsverzeichnis sachkundig.

Übung zur Idiomatik

Folgende idiomatische Redewendungen sind an der richtigen Stelle statt eines schräg gedruckten Ausdrucks einzusetzen:

Zur Nachahmung empfohlen sein, am Kopf + Genitiv, einen Blick werfen auf + Akkusativ, ins Rutschen geraten, sie steht ihren Mann, zur Verfügung stellen, (ein Buch) in die Hand drücken, sich nichts machen aus + Dat.

1. *Ganz oben* in dem Verzeichnis stand der Name des Direktors.
2. Durch die Erschütterung *fingen* die Steine *an zu rutschen*.
3. Onkel Max *gab* mir einen Zehnmarkschein.
4. Diese neue Methode *sollten* alle Lehrer *anwenden*.
5. Geld *interessiert mich nicht*.
6. Kann ich mir deine Arbeit mal *ansehen?*
7. Da Max früh gestorben war, mußte meine Schwester sich alleine *im Leben bewähren*.
8. Für dieses Projekt *gab* die Regierung einen Zuschuß von 10 000 Mark.

37 Lesen und Bücher

Wer sich in der unsterblichen Welt der Bücher etwas heimisch[1] gemacht hat, der wird bald nicht nur zum Inhalt der Bücher, sondern zum Buche selbst in ein neues Verhältnis treten. Daß man Bücher nicht nur lesen, sondern kaufen sollte, ist eine häufig gepredigte[2] Forderung, und als Bücherfreund und Besitzer einer nicht kleinen Bibliothek kann ich aus Erfahrung versichern, daß das Bücherkaufen nicht bloß dazu dient, die Buchhändler und Autoren zu füttern[3], sondern daß der Besitz von Büchern (nicht bloß ihre Lektüre) seine ganz eigenen Freuden und seine eigene Moral[4] hat. Eine Freude kann es zum Beispiel sein und ein entzückender Sport, bei sehr knappen Geldverhältnissen, unter Benutzung der billigsten Volksausgaben[5] und beständigem Studium vieler Kataloge, sich klug, zäh und listig[5] allmählich, allen Schwierigkeiten zum Trotz[7], eben doch eine schöne kleine Bücherei zu schaffen. Umgekehrt gehört es für den gebildeten Reichen zu den ganz ausgesuchten Freuden, von jedem Lieblingsbuch die beste, die schönste Ausgabe aufzutreiben, seltene alte Bücher zu sammeln und seinen Büchern dann eigene, schöne, liebevoll ausgedachte Einbände zu geben. Hier stehen, vom sorgsamen Anlegen des Spargroschens[8] bis zum höchsten Luxus, viele Wege, viele Freuden offen.

Von jedem Buch, das wir lesen, wird unser innerer Kompaß[9] abgelenkt; jeder fremde Geist zeigt uns, von wieviel anderen Punkten aus man die Welt betrachten kann. Langsam beruhigt sich dann die Schwankung[10], die Nadel kehrt zur alten Richtung zurück, die jedem von uns seinem Wesen nach eigen ist. So ging es mir in einer Lesepause. Man kann ja viel lesen, und ein beiseite lebender Bücherfreund verzehrt die Bücher und Meinungen wie der Gesellschaftsmensch die Menschen – man wundert sich oft, wieviel davon man vertragen kann. Aber dann muß man einmal wieder alles wegwerfen und eine Weile durch den Wald laufen, dem Wetter und den Blumen, den Nebeln und Winden nachspüren und in sich den stillen Punkt wiederfinden, von wo aus die Welt zur Einheit wird.

Hermann Hesse, Lesen und Bücher, Lektüre für Minuten, Suhrkamp Verlag, Frankfurt 1977

Worterklärungen

Hermann Hesse	1877–1962, Nobelpreis 1947, bedeutender neuromantischer Erzähler und Dichter, sein Hauptthema ist der Zwiespalt der menschlichen Natur
[1] er hat sich in der Welt der Bücher heimisch gemacht	er hat schon viele Bücher gelesen
[2] predigen	*(hier:)* etwas eindringlich und mit Nachdruck empfehlen
[3] füttern	einem Tier oder einem kleinen Kind Nahrung geben, *(hier:)* zu Geldverdienst verhelfen
[4] e Moral (o. pl.)	sittliche Grundsätze des Verhaltens
[5] e Volksausgabe, -n	einfacher, billiger Druck eines Buches
[6] listig	schlau, klug
[7] allen Schwierigkeiten zum Trotz	obwohl Schwierigkeiten bestehen
[8] r Spargroschen -s, -	1 Zehnpfennigstück, das gespart wird
[9] r Kompaß, -sses, -sse	Gerät zum Bestimmen der Himmelsrichtung
[10] e Schwankung, -en	plötzliche, in ständigem Wechsel wiederkehrende Veränderung

Erschließung des Inhalts

1. Welche Behauptung setzt der Autor an den Anfang seines Textes?
2. Welche Erfahrung hat der Autor, der Besitzer einer großen Bibliothek ist, gemacht?

3. Wie kann sich auch jemand, der wenig Geld hat, eine kleine Bücherei schaffen?
4. Welche Freude kann sich jemand machen, der gebildet ist und der außerdem noch viel Geld hat?
5. Welches Bild gebraucht der Autor, um uns den Einfluß eines Buches zu zeigen?
6. Was ermöglicht uns das Lesen eines Buches?
7. Wodurch kommt der Autor Hermann Hesse wieder zur Ruhe, wenn ihn ein Buch sehr bewegt hat?

Zur Diskussion gestellt

1. Gelingt es H. Hesse, die Freude des Büchersammelns anschaulich darzustellen? Betrachten Sie in diesem Zusammenhang die verwendeten Adjektive!
2. Soll man tatsächlich Bücher kaufen, oder genügt es nicht, sie bei Freunden oder in einer Bücherei zu entleihen?
3. Was bedeuten Ihnen Bücher? Welche lesen Sie gerne? Warum?

Übung zur Festigung des Wortschatzes

Bilden Sie Sätze unter Verwendung der folgenden Ausdrücke aus dem Text.
1. die unsterbliche Welt der Bücher
2. eine häufig gepredigte Forderung
3. ein entzückender Sport
4. knappe Geldverhältnisse
5. eine ausgesuchte Freude
6. das sorgsame Anlegen des Spargroschens
7. der innere Kompaß
8. die alte Richtung

Stilistische Übung

Verwenden Sie die folgenden Adjektive und fügen Sie ein Substantiv hinzu, das nicht dem Text entnommen ist.
1. unsterblich 2. entzückend 3. knapp 4. billig 5. klug 6. zäh 7. gebildet 8. ausgesucht 9. liebevoll 10. sorgsam

38 Besuch bei den verbannten[1] Dichtern

Als er im Traum die Hütte betrat der verbannten
Dichter, die neben der Hütte gelegen ist
Wo die verbannten Lehrer wohnen (er hörte von dort
Streit und Gelächter), kam ihm zum Eingang
Ovid[2] entgegen und sagte ihm halblaut: 5
„Besser, du setzt dich noch nicht. Du bist noch nicht gestorben.
Wer weiß da
Ob du nicht doch noch zurückkehrst? Und ohne daß andres sich ändert
Als du selber." Doch, Trost in den Augen
Näherte Po Chü-i[3] sich und sagte lächelnd: „Die Strenge 10
Hat sich jeder verdient, der nur einmal das Unrecht benannte."
Und sein Freund Tu-fu[4] sagte still: „Du verstehst, die Verbannung
Ist nicht der Ort, wo der Hochmut verlernt wird." Aber irdischer
Stellte sich der zerlumpte[5] Villon[6] zu ihnen und fragte: „Wie viele
Türen hat das Haus, wo du wohnst?" Und es nahm ihn der Dante[7] bei Seite 15
Und ihn am Ärmel fassend, murmelte er: „Deine Verse
Wimmeln[8] von Fehlern, Freund, bedenk doch
Wer alles gegen dich ist!" Und Voltaire[9] rief hinüber:
„Gib auf den Sou acht, sie hungern dich aus sonst!"
„Und misch Späße hinein!" schrie Heine.[10] „Das hilft nicht!" 20
Schimpfte Shakespeare[11], „Als Jakob[12] kam
Durfte ich auch nicht mehr schreiben." „Wenn's zum Prozeß kommt
Nimm einen Schurken[13] zum Anwalt!" rief der Euripides[14]
„Denn der kennt die Löcher im Netz des Gesetzes." Das Gelächter
Dauerte noch, da, aus der dunkelsten Ecke 25
Kam ein Ruf: „Du, wissen sie auch
Deine Verse auswendig?" „Und die sie wissen
Werden sie der Verfolgung entrinnen?" „Das
Sind die Vergessenen", sagte der Dante leise.
„Ihnen wurden nicht nur die Körper, auch die Werke vernichtet." 30
Das Gelächter brach ab. Keiner wagte hinüberzublicken. Der Ankömmling
War erblaßt.

aus: *Bert Brecht, Gesammelte Werke,* © *Suhrkamp Verlag, Frankfurt 1967*

Worterklärungen

	Bert Brecht	1898–1956, Schöpfer des epischen Dramas, von der kommunistischen Weltanschauung geprägte Lehrstücke, Lyrik
1	verbannen	zur Strafe aus dem Lande entfernen
2	Ovid	43 v. – 18 n. Chr., römischer Epiker („Metamorphosen"). Wegen seiner mondänen Liebesdichtung 8 n. Ch. von Kaiser Augustus verbannt
3	Po Chü-i	772–846, dichtete in volksnaher Sprache, wegen kritischer Äußerungen vom chinesischen Kaiser strafversetzt
4	Tu-fu	712–770, zu seinen Lebzeiten wenig beachteter, politisch engagierter chinesischer Dichter
5	zerlumpt	in zerrissenen alten Kleidern
6	Villon	1430–1463, französischer Dichter, führte ein ungeordnetes Vagantenleben, wurde zu 10 Jahren Verbannung verurteilt. Er zeigt besonderes Mitgefühl mit den Unterdrückten, seine Lyrik wurde von Brecht übersetzt
7	Dante	1265–1321, Italiens größter Dichter („Die göttliche Komödie"), im Parteienstreit aus Florenz verbannt
8	von Fehlern wimmeln	sehr viele Fehler haben
9	Voltaire	1694–1778, franz. Aufklärer, von einem Herzog nach England verbannt
10	Heine	1797–1856, spätromantischer deutscher Lyriker und zeitkritischer Satiriker, der aus politischen Gründen aus Deutschland nach Paris übersiedelte
11	Shakespeare	1564–1616, größter englischer Dramatiker
12	Jakob I.	1603–1625, König von England
13	r Schurke, -n, -n	ehrloser, schlechter Mensch
14	Euripides	480–405 v. Chr., griechischer Tragiker, von Aristophanes angegriffen als Verderber der Kunst, er verließ daher Athen

Hinweise und Fragen zur Interpretation

In Analogie zu Dantes „Divina commedia" kommt hier der Dichter im Traum in die Unterwelt.
1. Welche Gruppe von Dichtern besucht er? Warum gerade diese?
2. Welche Beziehung zwischen verbannten Dichtern und Lehrern wird durch die benachbarte Lage ihrer Hütten signalisiert?
3. Warum rät Ovid ihm, sich nicht zu setzen? Wohin wird der Besucher wohl zurückkehren?
4. Ovid glaubt, daß sich nach der Rückkehr des Dichters (Brecht) auf die Welt nichts ändern wird außer dem Dichter selbst.
   Was wird sich nicht ändern? Was sollte sich nach Brechts Meinung eigentlich ändern durch das Wirken der Dichter?
5. Po Chü-i tröstet den Dichter damit, daß er ja in seinen Schriften bereits „das Unrecht benannte", also im sozialen Sinne in das gesellschaftliche Leben eingriff. Tu Fu übt quasi Selbstkritik an den verbannten Dichtern, indem er ihnen Hochmut zuspricht. Worin besteht der Hochmut, den Tu Fu dem Ovid vorwirft?
6. Und nun geben die verbannten Dichter dem Neuankömmling Ratschläge, was ein politisch engagierter Dichter alles bedenken muß: er muß sich Fluchtwege offen halten (Villon), er muß auf konservative Stilkritiker gefaßt sein (Dante). Welche Ratschläge geben Voltaire, Heine, Shakespeare und Euripides?
7. Mit welchen Schwierigkeiten hatten sie als engagierter Dichter offensichtlich zu kämpfen?
8. Die letzten Verse enthüllen allerdings eine noch größere Gefahr, der sich ein politisch aktiver Autor gegenübersieht.
   Welche Gefahr ist hier gemeint?
9. Inwiefern zeigen die beiden Fragen aus der dunklen Ecke, wo die vergessenen verbannten Dichter wohnen, was ein engagierter Dichter erreichen muß, damit sein Schaffen Sinn hat?
10. Warum war der Ankömmling erblaßt?

Zur Diskussion gestellt

1. Soll Dichtung politisch engagiert sein, oder soll sie eine persönlichkeitsbezogene Thematik in schöner Form darstellen?
2. Wie muß eine Dichtung beschaffen sein, damit sie überdauert?
3. Sollte der Staat die Dichter und Schriftsteller finanziell unterstützen? Wenn ja, in welcher Weise? Begründen Sie Ihre Ansicht!

Übung zur Festigung des Wortschatzes

In folgendem sind verschiedene Worte aus dem Text aufgeführt (in der Form des Substantivs oder Adjektivs oder Verbs). Ergänzen Sie jeweils die Reihe durch die beiden fehlenden Wortarten aus derselben Wortfamilie.

	Substantiv	*Adjektiv*	*Verb*
Beispiel:	der Streit	?	?
Lösung:	der Streit	strittig	streiten
1.	der Dichter		
2.			wohnen
3.	das Gelächter		
4.		laut	
5.	der Trost		
6.			sich nähern
7.		still	
8.			verstehen
9.	das Haus		
10.		dunkel	
11.			hungern
12.			wohnen

Übung zum sprachlichen Ausdruck

Zu den Besonderheiten der dichterischen Sprache gehören ungewöhnliche Wortstellungen, durch die wichtige Ausdrücke besonders hervorgehoben werden. Um die Besonderheiten der poetischen Sprache des vorliegenden Gedichtes aufzuspüren, verwandeln Sie am besten den ungewöhnlichen Satzbau in den üblichen Satzbau.

Verändern Sie die Satzstellung der schräg gedruckten Wörter, und nehmen Sie – wenn nötig – weitere dadurch notwendige Umstellungen bzw. Weglassungen vor.

1. Als er im Traum die Hütte *betrat* der verbannten Dichter, ...
2. Doch, *Trost in den Augen,* näherte Po Chü-i sich.
3. Und es nahm ihn *der Dante* bei Seite.
4. Das Gelächter dauerte noch, da, aus der dunkelsten Ecke *kam* ein Ruf.
5. Sie hungern dich aus *sonst.*

Fertigkeitsorientierte Bücher für Fortgeschrittene

Hören **Sprechen** **Lesen**	**Brennpunkte** von Heinrich Stalb 136 Seiten, mit Fotos und Zeichnungen, kart., Hueber-Nr. 1307 *Lehrerheft:* 32 Seiten, geheftet, Hueber-Nr. 2.1307 *Kontrollaufgaben:* 24 Seiten, geblockt, Hueber-Nr. 3.1307 *1 Cassette mit den Hörtexten:* Laufzeit 36 Minuten, Hueber-Nr. 4.1307
Verstehen von Hör- und Lesetexten Schreiben	**Praxis** von Heinrich Stalb 112 Seiten, mit Fotos und Zeichnungen, kart., Hueber-Nr. 1314 *Lehrerheft:* 72 Seiten, geheftet, Hueber-Nr. 1.1314 *1 Cassette mit sämtlichen Hörtexten:* Laufzeit 44 Minuten, Hueber-Nr. 2.1314
Lese- verstehen Diskutieren	**Kritisch betrachtet** Sachtexte mit Übungen von Hilmar Kormann 160 Seiten, mit Fotos und Zeichnungen, kart., Hueber-Nr. 1294
Lese- verstehen besonders von Literatur Diskutieren	**Texte von heute** Ein Lese- und Arbeitsbuch von Karl-Heinz Drochner unter Mitarbeit von Erika Drochner-Kirchberg 228 Seiten, kart., Hueber-Nr. 1310

Max Hueber Verlag · D-8045 Ismaning